LA GRANDEZA DE LA GRAN COMISIÓN

La Misión Cristiana En Un Mundo Caído

Kenneth L. Gentry, Jr.

LA GRANDEZA DE LA GRAN COMISIÓN
La Misión Cristiana En Un Mundo Caído
Edición en español publicada por One More International, año 2022
Página web: www.onemoreinternational.org

Publicado en inglés con el título:
THE GREATNESS OF THE GREAT COMMISSION
The Christian Enterprise in a Fallen World
by Victorious Hope Publishing
©2013 by Victorious Hope Publishing

El texto bíblico ha sido tomado de la versión Reina-Valera © 1960 Sociedades Bíblicas en América Latina; © renovado en 1988, Sociedades Bíblicas Unidas. Utilizado con permiso.

La portada y el diseño en esta edición en español fueron hechos por Juan J. Vasquez, schjjv@msn.com

ISBN Impreso: 978-1-960428-06-6
ISBN E-libro: 978-1-960428-07-3

CRÉDITOS

Un agradecimiento especial para el pastor Steve y Chanler Shank por su constante interés en la obra del Señor en América Latina y por su ayuda económica, la cual permitió llevar a cabo la traducción de este libro, cuyo contenido puede ser de gran instrucción para los lectores hispanohablantes. Que Dios retribuya tanta generosidad en su vida personal y en la de sus familias.

Un agradecimiento especial a Roxana Arias Jiménez, por su labor de traducción y edición del libro del inglés al español.

Por último, otro agradecimiento especial a Michelle Recio Arias, por levantar el texto y ayudar con la edición del libro.

¡Dios es fiel!

CONTENIDO

PRÓLOGO DEL EDITOR

Gary North

Y creó Dios al hombre a su imagen, a imagen de Dios lo creó; varón y hembra los creó. Los bendijo Dios y les dijo: "Fructificad y multiplicaos; llenad la tierra y sometedla; ejerced potestad sobre los peces del mar, las aves de los cielos y todas las bestias que se mueven sobre la tierra" (Génesis 1:27-28).

Y Jesús se acercó y les habló diciendo: "Toda potestad me es dada en el cielo y en la tierra. Por tanto; id y haced discípulos a todas las naciones, bautizándolos en nombre del Padre, del Hijo y el Espíritu Santo, y enseñándoles que guarden todas las cosas que os he mandado y yo estoy con vosotros todos los días, hasta el fin del mundo. Amén" (Mateo 28:18-20).

Hay una tremenda necesidad hoy día de evangelismo. No estoy hablando simplemente del evangelismo personal limitado de pasar tratados. De todos modos, los tratados ya no están con nosotros. La carta y la entrevista por televisión satelital muestra que hemos reemplazado los tratados, lo que se necesita es un programa comprensivo de evangelismo mundial que lleve el mensaje de salvación a cada individuo en la tierra, en todos los ámbitos de la vida.

Después de llevar a la gente al reino de Dios por medio de la conversión, luego Dios les pide que empiecen a hacer una diferencia en su mundo. Él no quiere decir que deben pasar día y noche entregando tratados o su equivalente; Él se refiere a que deberían cambiar sus vidas, sus familias y su diario caminar antes Él y ante los hombres. El evangelismo significa enseñarle a la gente a obedecer la ley de Dios, a través del empoderamiento del Espíritu Santo. El evangelismo significa *obediencia*. Este es el mensaje de Jesús: "Si me amáis, guardad mis mandamientos" (Juan 14:15). Él también dijo:

> El que tiene mis mandamientos y los guarda, ese es el que me ama; y el que me ama será amado por mi Padre; y yo lo amaré y me manifestaré a él (Juan 14:21).

Este no es el mensaje del fundamentalismo moderno, el mensaje ético del fundamentalismo es opuesto: "No es un credo sino la Biblia; no una ley sino amor". Su mensaje es que los cristianos no tienen nada específico que decirle a un mundo muriéndose excepto que decirles a algunos individuos que estén listos para ser sacados de él, ya sea por rapto o por la muerte (preferiblemente el primero, puesto que el fundamentalismo espera realmente dejar la vida vivos). Ellos intentan no dejar nada atrás. Ellos *planean desheredar el futuro*. Dave Hunt dice que el rapto de pretribulación es mucho mejor que morir:

(1) Si tenemos una relación correcta con Cristo, podemos genuinamente anticipar el rapto, aunque nadie (ni siquiera Cristo en el Jardín, anticipa la muerte). El prospecto gozoso del rapto atraerá nuestros pensamientos mientras que el prospecto desagradable de la muerte es algo que podemos tratar de olvidar, haciéndolo menos efectivo en nuestras vidas diarias.

(2) Aunque el rapto es similar a la muerte, ambos pueden terminar una vida terrenal, el rapto hace también algo: señala el clímax de la historia y abre la cortina del drama final. Así que termina en una manera que la muerte no lo hace, toda estaca humana terrenal se desarrolla, como las vidas de los niños dejadas atrás, el

crecimiento de o la dispersión de la fortuna acumulada, la protección de la reputación, el éxito de cualquier causa terrenal que uno ha abrazado, etcétera.[1]

Yo llamo a esto "evangelismo de tierra quemada". Este advierte a los cristianos de que la Gran Tribulación destruirá el legado de la Iglesia después del rapto. Este desheredará el Evangelio; pero esto no es lo que Dios enseña, los cristianos tienen su tarea de: *conquistar en su nombre.*

Evangelismo Bíblico

Cuando Dios dice "evangelicen" quiere decir que debemos contarle las buenas nuevas al mundo, no son noticias fáciles ni baratas sino buenas noticias. Las buenas noticias son que Jesús ha vencido al mundo. "Hijitos, vosotros sois de Dios, y habéis vencido, porque mayor es el que está en vosotros, que el que está en el mundo" (1 Juan 4:4). *La Gran Comisión es una gran victoria.*

Lo que los fundamentalistas quieren es un mensaje del Evangelio muy diluido, apto para niños y solo para niños. El problema es que los niños crecen. ¿Qué le dice usted a un nuevo convertido adulto cuando él hace la pregunta: "¿Bueno, yo acepté a Jesús como mi Salvador, ahora qué hago?" El fundamentalismo moderno dice que lo único que debe hacer es compartir lo que acaba de pasarle con otra persona, luego esa persona puede hacer lo mismo con otra y así seguir, hasta que el rapto termine el proceso entero.

El fundamentalismo moderno ve el Evangelio como si fuera un tipo de esquema continuo en cadena, sin sentido. Nada tiene valor a los ojos de Dios dicen, excepto conservar el esquema en cadena vivo. Pero el Evangelio no es un esquema en cadena, son las buenas nuevas de que Jesús ha vencido al mundo y les da a

---

[1] Dave Hunt, "Looking for that Blessed Hope", *Omega Letter* (Febrero 1989), p. 14.

sus discípulos autoridad para extender su dominio en la historia antes de regresar en juicio.

Es nuestro trabajo demostrar esta victoria en nuestras vidas, lo que significa cada aspecto de nuestras vidas. Debemos ejercitar el dominio, deberíamos hacer esto como miembros de la Iglesia primero, pero también en todos los otros ámbitos.

El Pacto de Dominio

Si no hubiera una caída en el Edén, cada persona, se definiría a sí misma conscientemente en términos de dominio bajo Dios (Génesis 1:26-28). Esto fue lo que Dios le dijo al hombre que era su tarea: servir como el intermediario de Dios en la tierra. A esta asignación la llaman el Mandato Cultural los calvinistas holandeses en la tradición de Abraham Kuiper. Yo la llamo el Pacto de dominio,[2] el cual no cesó con la caída de Adán; fue reconfirmado en la "nueva creación" después del diluvio:

Bendijo Dios a Noé y a sus hijos, y les dijo: "Fructificad, multiplicaos y llenad la tierra. Infundiréis temor y miedo a todo animal sobre la tierra, a toda ave de los cielos, a todo lo que se mueva sobre la tierra y todos los peces del mar; en vuestras manos son entregados. Todo lo que se mueve y vive os servirá de alimento, lo mismo que las legumbres y las plantas verdes. Os lo he dado todo. Pero carne con su vida, que es su sangre, no comeréis, porque ciertamente demandaré la sangre de vuestras vidas; de manos de todo animal la demandaré; y de manos del hombre a cada hombre demandaré la vida de su prójimo" (Génesis 9:1-5).

La Gran Comisión es necesaria porque el hombre, en su rebelión contra Dios, ha olvidado quién dio esta asignación, ha olvidado ante quién debe ser responsable histórica y eternamente. Los hombres necesitan la regeneración para restablecer el favor de Dios. El hombre todavía está bajo el

---

[2] Gary North, The Dominion Covenant: Génesis, 2da ed. (Tyler, Texas: Institute for Christian Economics, 1987).

dominio de Dios, pero se niega a reconocer este hecho, adora a otros dioses hechos por él o encontrados en la naturaleza (Romanos 1:18-21). Él incluso puede adorar a la naturaleza en sí misma, personificándola en una forma femenina de Dios. El hecho es que, las dos asignaciones de Dios están vinculadas juntas por sus estatus como pactos. Dios emitió el pacto de dominio primero porque el hombre no se había rebelado todavía. Él emitió la Gran Comisión porque había establecido la base judicial para un Nuevo Pacto, un pacto universal que une a los hombres de todas las razas y trasfondos bajo Dios.

La Iglesia y La Gran Comisión

La Iglesia institucional es la administradora primaria de la Gran Comisión, ya que solo ella controla el acceso justo de los sacramentos. La familia es la agencia primaria pactual a través de la cual el dominio del pacto se debe extender. La familia apoya a la iglesia local financieramente en muchos de los casos, excepto cuando hay una emergencia por una familia particular. Las iglesias no están equipadas, como instituciones sin fines de lucro, para iniciar proyectos bajo el dominio pactual. La tarea de la Iglesia es predicar, dar guía moral, sanar a los enfermos, alimentar al destituido y administrar los sacramentos. No está designada para innovar negocios ni otros proyectos orientados al dominio.

El Estado no es una agencia primaria pactual en ninguna de las tareas, evangelismo o dominio, aunque imita tanto a la Iglesia como a la familia cuando llega a ser autónoma y rebelde. El Estado defiende tanto a la Iglesia como a la familia del ataque físico. Tampoco debe llegar a ser una agencia inicial, su tarea es negativa, imponiendo sanciones negativas contra los hacedores de maldad. El socialismo es el resultado de un estado seudofamiliar; el imperio es el resultado de un estado de seudoiglesia.

Predicamos la centralidad de la Iglesia, pero también que hay todo un mundo que llevar bajo el justo gobierno de Dios.

Escapando de la Responsabilidad

Siempre es difícil vender responsabilidad personal. El Pacto de dominio establece la responsabilidad de los seres humanos sobre la creación bajo la jerarquía de Dios. Este inescapable sistema jerárquico de responsabilidad también pone a algunos hombres sobre otros en ciertas instituciones y circunstancias: un sistema de apelaciones de abajo hacia arriba. Ciertos hombres deben ejercitar dominio del uno sobre el otro, dependiendo de cuál institución sea.

Aquellos que disfrutan ejercitando el poder no piensan dos veces usar mal el inevitable aspecto jerárquico de cada sociedad. Ellos endosan *el poder de la religión*. Los que le temen a la responsabilidad también estarán dispuestos a soportar la opresión en aras de la seguridad. Ellos endosan *la religión escapista*, lo que tampoco quieren es la libertad bajo Dios, lo que significa *autogobierno bajo las leyes reveladas de Dios en la Biblia*, el Dios que trae sanciones negativas, que manda a algunas personas a tormento eterno si se rehúsan a hacer un pacto con Él. Este Dios es odiado.

El cristianismo es la alternativa tanto para el poder de la religión como para el escape de la religión,[3] este enseña toda la Biblia, la cual incluye el Pacto de dominio. Este predica restauración con Dios, lo que significa la autoridad de la ley de autoridad gobernada por los hombres sobre el mundo entero.[4] No obstante, sin redención y sin obediencia a la ley bíblica, Dios no puede confiar en que ellos ejerzan el dominio justo. Entonces, en su gracia, Él ha hecho un camino de restauración, el Evangelio de salvación y sanidad de Jesucristo. No se debe excluir nada de la sanidad de Cristo; ni la familia, ni el Estado, ni el negocio, ni la educación, ni tampoco la Iglesia institucional.

---

[3] Gary North, *Moses and Pharaoh: Dominion Religion vs. Power Religion* (Tyler, Texas: Institute for Christian Economics, 1985), pp. 2-5.
[4] Gary DeMar, *Ruler of the Nations* (Ft. Worth, Texas: Dominion Press, 1987).

La salvación es el ungüento que sana las heridas infligidas por el pecado: cada tipo de herida de cada tipo de pecado.

Esta es la razón por la que la Gran Comisión fue dada; para permitirle a la humanidad regresar al servicio fiel bajo Dios sobre la creación. La salvación de Dios nos lleva de nuevo a la tarea original: *ejercitar el dominio a la gloria de Dios, en términos de su ley revelada en la Biblia*. El Evangelio triunfará en la historia antes de que Dios regrese a juzgar el mundo, la Biblia nos da esperanza para el futuro.[5]

La Esperanza de Restauración

Yo le asigné este libro al Reverendo Gentry porque él escribió un excelente ensayo con el mismo título en 1981, el cual apareció en una parte del *Journal of Christian Reconstruction* que yo edité, el Simposio de Evangelismo. Me di cuenta en ese momento que su visión de la Gran Comisión, si fuera aceptada ampliamente por la Iglesia, transformaría no solo la Iglesia, sino que también el concepto de civilización. Le pedí que escribiera este libro en 1990 y lo hizo.

En este libro, él provee muchas notas de pie de página y referencias bíblicas que tuvo que saltarse en su ensayo original. Este es un trabajo muy académico del tema, aunque es eminentemente leíble, comprensivo — tanto que no espero que los cristianos pietistas respondan a él, los silenciará. Presenta los cristianos activistas con sus órdenes de marcha de Dios. Los pietistas de todas las visiones escatológicas continuarán definiendo el reino de Dios estrechamente para que coincida con sus visiones y ellos van a lograr éxito de magnitud comparable.

La *Grandeza de la Gran Comisión* está escrito como un libro motivacional para la gente que necesita ser persuadida. Si usted está dispuesto a buscar las fuentes que se brindan en las notas de

---

[5] Kenneth L. Gentry Jr. *He Shall Have Dominion: A Postmillenial Eschatology* (Tyler, TX: Institute for Christian Economics, 1992).

pie de página, usted muy probablemente puede repensar la pregunta entera tanto del alcance y el método de evangelismo. El Dr. Gentry ha hecho su tarea. Sus críticos le deben a Dios, a sí mismos y a sus seguidores, hacer por lo menos una cantidad similar de trabajo, insistir en que Gentry presenta la Gran Comisión totalmente mal no es lo mismo que probarlo. Desaprobar su tesis va a tomar más de una revisión de dos páginas en alguna revista o periódico.

Es mi esperanza que este libro le sirva a la Iglesia en un tiempo de reavivamiento históricamente sin precedentes. Tal reavivamiento, si viene en nuestros días, será internacional. Yo espero que también sea comprensivo. Sin un caso teológico para la naturaleza comprensiva de la redención, no habrá un reavivamiento comprensivo. Este libro provee la evidencia bíblica para la naturaleza comprensiva de la Gran Comisión.

Si Gentry tiene razón en su análisis del significado de la Gran Comisión, entonces cada iglesia, cada seminario y cada ministerio para eclesiástico necesita reexaminar lo que se está haciendo y por qué. Tal reexaminación será dolorosa pero no tanto como los juicios de Dios que se avecinan en la historia — otra doctrina que la Iglesia moderna convenientemente ha olvidado.[6]

Habrá una gran resistencia a su tesis dentro del mundo moderno cristiano. Es difícil vender responsabilidad y ahora no hay mucho que hacer. Nuestra tarea hoy día ha crecido también por tanto trabajo acumulado que los cristianos no hicieron y han sido negligentes con su asignación comprensiva de Dios. Hemos perdido por lo menos tres siglos, la mayoría de las iglesias, y cada universidad. Podemos y debemos ganar estas instituciones, más mucho más que el cristianismo nunca controló. Hemos sido comisionados a hacerlo. *Debemos ponernos a trabajar.*

Gentry en sus libros adopta una retórica gentil y argumentos precisos y muchos versículos, este libro no es la excepción. Sus libros son elocuentes testimonios contra la declaración a menudo

---

[6] Gary North, *Millennialism and Social Theory* (Tyler, Texas: Institute for Christian Economics, 1990), capítulo 8.

escuchada de esta o esa crítica de que: "No puede aceptar la teonomía por la dura retórica de North y por la intransigencia teológica de North". Debemos tener el cuidado de distinguir entre excusas y razones.

INTRODUCCIÓN

"Toda potestad me es dada en el cielo y en la tierra. Por lo tanto, id y haced discípulos a todas las naciones bautizándolos en el nombre del Padre, el Hijo, y el Espíritu Santo; enseñándoles que guarden todas las cosas que os he mandado; y he aquí Yo estoy con vosotros todos los días, hasta el fin del mundo" (Mateo 28:18b-20).

En estas 61 palabras del Evangelio de Mateo tenemos lo que correctamente ha venido a conocerse como "La Gran Comisión", la cual fue emitida por nuestro Señor Jesucristo solo unos pocos días después de su resurrección y no mucho antes de su ascensión al cielo.

La Gran Comisión ha servido y todavía continúa sirviendo como la orden de marcha para la Iglesia de Cristo en el mundo.[1] Es rara la conferencia misionera que se celebra sin hacer referencia a este texto. Pocas son las denominaciones que se han establecido sin alguna apelación a esta. La mayoría de los cristianos ortodoxos de todas las conexiones denominacionales

---

[1] Una referencia a este pasaje se encuentra ya con Ignacio (50-115 D. C.). *Epistle to the Philadelphians 9*; Ireneo (130-202 D. C.), *Against Heresies* 3:17:1; Tertuliano (160-220 D. C.), *Prescription Against Heresies* 20.

y de todas las perspectivas han sostenido esto como su bandera en el servicio de Cristo.[2]

¿Pero se entiende la Gran Comisión correctamente hoy día? ¿Es la plenitud de su importancia comprendida por sus adherentes? ¿Realmente podemos captar *La Grandeza de la Gran Comisión*? Estas preguntas se están convirtiendo en asuntos muy importantes en círculos evangélicos.

El Asunto

De fijo el más importante debate entre teólogos liberales y ortodoxos hoy tiene que ver con el asunto de la *inerrancia* de la Escritura. ¿Es la Biblia la Palabra de Dios sin error? ¿Posee esta autoridad impecable como la verdadera revelación de Dios? Este es un asunto fundamental con grandes implicaciones para la fe y la práctica cristiana.[3]

Entre los cristianos evangélicos hoy día se ha desarrollado una discusión relacionada, la cual tiene que ver con el problema de una aparente *irrelevancia* de la Escritura. ¿Es la Escritura entera confiadamente aplicable a toda la vida hoy día? ¿Es la Palabra de Dios práctica para la vida cristiana y la conducta social en cada aspecto de la sociedad moderna?[4] Y el significado

---

[2] Reconozco que hay algunos evangélicos que no entienden la Gran Comisión como relacionada con la Iglesia. Para más información de este fenómeno inusual, vea el Capítulo 12.

[3] Vea lo siguiente para estudios muy útiles en esta área: Rousas John Rushdoony, *Infallibility: An Inescapable Concept* (Vallecito, CA: Ross House, 1978). James Montgomery Boice, *Does Inerrancy Matter?* (Oakland, CA: International Council on Biblical Inerrancy, 1979). Ronald Youngblood, ed., *Evangelicals and Inerrancy* (Nashville: Thomas Nelson, 1984).

[4] Vea Greg L. Bahnsen, *By This Standard: The Authority of God's Law Today* (Tyler, TX: Institute for Christian Economics, 1985). Rousas John Rushdoony, *The Institutes of Biblical Law*, 2 volúmenes. (Vallecito, CA: Ross House, [1973], 1982). Gary North, *Tools of Dominion: The Case Laws of Exodus* (Tyler, TX: Institute for Christian Economics, 1990).

de la Gran Comisión radica en el puro corazón de esta importante discusión.

Básicamente, el asunto de la grandeza de la Gran Comisión puede ser resuelto respondiendo propiamente las siguientes tres grandes preguntas. 1. *¿Qué es la Gran Comisión?* A. ¿Es la Gran Comisión un programa divino totalmente nuevo para responder al pecado, el cual se fija en marcado contraste a y es discontinuo del programa del Antiguo Testamento? B. ¿O es la piedra angular o el programa de larga data de Dios para responder al pecado, y el fruto del desarrollo del progreso de la redención que es continua con el Viejo Testamento? 2. *¿Cuál es la meta de la Gran Comisión?* A. ¿Es su meta pesimista, dirigiendo la Iglesia valientemente para ser testigos en una esperanza en un mundo desesperadamente perdido y muriendo a pesar de la resistencia abrumadora mientras "arrebatan tizones del fuego"? B. ¿O es esta meta optimista, empoderando a la Iglesia exitosamente para promover la salvación del mundo contra toda resistencia mientras lidera una vasta mayoría de hombres a la salvación? 3. *¿Cuál es la naturaleza de la Gran Comisión?* A. ¿Es una naturaleza individualista, que busca la salvación individual de los pecadores perdidos con una visión de entrenarlos en su caminar privado y adoración pública? B. ¿O es su naturaleza holística, que busca la salvación de los pecadores perdidos, con una visión de entrenarlos en su caminar privado, alabanza pública *y* el desarrollo de su cultura cristiana?

La Aproximación

Las tres preguntas que acabo de presentar tocan asuntos vitalmente importantes relacionados con la Gran Comisión y la empresa cristiana en un mundo pecaminoso. En este trabajo trataré de contestar *desde la Escritura* estas preguntas cruciales. Al hacer esto espero promover una aprehensión mejor de la grandeza de la Gran Comisión.

Mi aproximación a la Gran Comisión primariamente ofrecerá un análisis cuidadoso exegético enfocado en Mateo 28:18-20. Yo también tomaré en consideración una amplia formación de textos bíblicos de toda la Escritura, para darle cuerpo al significado bíblico de la Comisión. El asunto ante nosotros es, como lo mencioné antes, la *relevancia* de la Escritura — *toda* la Escritura — para la cultura y la vida moderna.

Es mi esperanza que este estudio tanto ilumine como rete: Mi diseño es alumbrar a los cristianos en la enseñanza de la Escritura en este asunto crucial y animarlos a aplicar los principios bíblicos de toda la vida. La Comisión ante nosotros es realmente grande, ya que habla de "*toda* autoridad" (Mateo 28:18) para discipular "*todas* las naciones" (Mateo 28:19) con una visión de enseñarles "*todas* las cosas" (Mateo 28:20a) lo que Jesús les enseñó a sus discípulos. También contiene la gran esperanza de que Jesús estará con nosotros "*todos* los días" (Mateo 28:20b) para velar por que se cumpla.

Pero antes que podamos empezar en serio, debemos señalar las bases de la Gran Comisión. Las piedras angulares son dos: creación y pacto, lidiaré con dos asuntos relevantes desde la creación y el pacto en los dos primeros capítulos.

PARTE I

BASES

1

EL MANDATO DE LA CREACIÓN Y LA GRAN COMISIÓN

Luego Dios dijo: "Hagamos al hombre a nuestra imagen, conforme a nuestra semejanza; y tenga potestad sobre los peces del mar, las aves de los cielos y las bestias, sobre toda la tierra y sobre todo animal que se arrastra sobre la tierra". Y creó Dios al hombre a su imagen, a imagen de Dios los creó, varón y hembra los creó. Los bendijo Dios y les dijo: "Fructificad y multiplicaos; llenad la tierra y sometedla; ejerced potestad sobre los peces del mar; las aves de los cielos y todas las bestias que se mueven sobre la tierra" (Génesis 1:26-28).

La fe cristiana está muy interesada en el mundo material, el aquí y el ahora. El interés cristiano en el aquí y el ahora es evidente en que: (1) Dios creó la tierra y el cuerpo humano como entidades materiales, y todas "muy buenas".[1] (2) Cristo vino en la carne para redimir al hombre.[2] (3) Su Palabra nos dirige en

---

[1] Génesis 1:1-31; 2:7.

[2] Romanos 1:3; 9:5; 1 Juan 4:1-3.

cómo vivir en el mundo presente y material.[3] (4) Dios intenta que nos quedemos en la tierra para nuestro viaje en nuestra estancia carnal, y no nos quita de ser salvados por su gracia.[4] Como es obvio a partir de estas cuatro observaciones, tenemos una preocupación genuina con respecto al aquí y el ahora. Tan obvio como que esta preocupación es necesariamente *a la luz de realidades espirituales mencionadas*: Dios, redención, revelación y providencia.

En la muerte, todos los hombres entran en el mundo espiritual, el ámbito eterno (sea el cielo o el infierno).[5] Pero antes de nuestra llegada al estado eterno, todos los hombres viven ante Dios en el mundo material,[6] el cual Él ha creado para su propia gloria, como el lugar de la habitación del hombre.[7] La Gran Comisión necesariamente habla tanto al estado presente (dándonos nuestro deber en el mundo material) y al estado eterno (mostrando el medio de nuestra entrada al cielo). O sea, habla de asuntos relacionados con el cuerpo y el alma.

Ambas piedras fundacionales para nuestro estudio de la Gran Comisión se encuentran en Génesis. De hecho, la mismísima base para toda la realidad, revelación y redención, está puesta en el libro de Génesis, lo que hace de ese libro uno de gran significado para la fe cristiana. El mismo título "Génesis" se deriva de la traducción del griego[8] de 2:4a: "Este es el libro de

---

[3] Romanos 12:1-2; Efesios 5:15-17; 2 Timoteo 3:16-17.

[4] Juan 17:15; Job 14:5; 2 Corintios 5:9-10.

[5] 2 Corintios 5:8; Filipenses 1:23; Lucas 16:22-23. En la doctrina del infierno, vea: Gary North, *Heaven or Hell on Earth: The Sociology of Final Judgement* (venidero).

[6] 2 Crónicas 16:9; Salmo 33:13-15; Proverbios 15:3; Hechos 17:28; Hebreos 4:13. Ninguna decisión de la Corte Suprema del "derecho de privacidad" puede alterar esta verdad.

[7] Salmo 24:1; 115:16; Proverbios 15:3; Daniel 5:23; Hechos 25:24-31; Apocalipsis 4:11.

[8] La traducción griega del Viejo Testamento se llama la Septuaginta y a menudo es abreviada: LXX (el numeral romano para 70 [sept]). Es una traducción del hebreo original, que se hizo en el siglo II A. C., supuestamente por 70 (en realidad 72) Ancianos judíos. Vea: el siglo II A.

la generación [griego: *geneseos*] del cielo y la tierra".[9] La palabra *geneseos* significa "origen, fuente".[10] Y es en la apertura de los capítulos de Génesis (capítulos 1-3) que encontramos los elementos esenciales de estas verdades fundamentales.

El Mandato Explicado

El Mandato de la Creación fue dado en la mismísima creación de la tierra y la humanidad sobre ella, en el sexto día de la semana de creación.[11] En consecuencia, el mandato tiene un

---

C., escrito *Letters of Aristeas* and Augustine, *The City of God* 18:42. (La Septuaginta es casi siempre mal pronunciada; la correcta pronunciación es con el acento en la primera sílaba, no en la segunda). El antiguo título hebreo para Génesis es *B'reshith*, la cual es la primera palabra en Génesis 1:1 y se traduce "en el principio".

[9] El término *geneseos* se usa frecuentemente en Génesis como un encabezado para varias secciones. Vea Génesis 5:1; 6:9; 10:1; 11:10; 11:27; 25:12; 25:19; 36:1; 36:9; 37:2.

[10] La raíz del término griego (*gen*), se encuentra en muchas palabras como "genes", "generación", "genealogía" e incluso mi propio apellido "Gentry" que significa "una persona bien nacida". Todas estas palabras tienen algo que ver con principios.

[11] Génesis 1:26, 31. Que cada uno de los seis días de la creación era uno de 24 horas y no un día de edad, como algunos neo cristianos darwinianos afirman, es demandado por la siguiente evidencia exegética: (1) "Día" es calificado para "tarde y mañana" (Génesis 1:5, 8, 13, 19, 23, 31), lo cual específicamente limita el marco de tiempo. (2) La mismísima palabra "día" es usada en el cuarto día para definir un período de tiempo gobernado por el sol, lo cual debe ser un día regular (Génesis 1:14). (3) En las 119 instancias de la palabra hebrea "día" (*yom*) que está en conjunción con un adjetivo numérico (primero, segundo, etc.) en los escritos de Moisés, nunca significa otra cosa que no sea un día literal. La consistencia requeriría que esta estructura funcione así en Génesis 1 (Génesis 1:5, 8, 13, 19, 23, 31). (4) En Éxodo 20:9-11 los patrones de los hombres una semana después que la semana de trabajo de Dios, lo cual sugiere la literalidad de la semana de creación. (5) En Éxodo 20:11 se usa el plural para "días" de creación. En las 702 instancias del plural "días" en el Viejo Testamento, nunca significa ninguna otra cosa que no sea días. (6) Si Moisés hubiera querido decir que

propósito importante para distinguir al hombre de los animales, las plantas y de los reinos protistas: solo el hombre es creado a la "imagen de Dios" (Génesis 1:26; 9:6) un poco menor que los ángeles (Salmo 8:5). Una función vital de esta imagen es que el dominio es ejercitado por el hombre sobre la tierra y bajo Dios. Como es evidente en su relación cercana en Génesis 1:26, la *unidad de dominio* ("que tenga dominio") es un aspecto crucial de la *imagen de Dios* ("Hagamos al hombre a nuestra imagen") en el hombre.

Así que el hombre tiene tanto la *urgencia* básica constitucional de dominio como un resultado de haber sido *creado* a la imagen de Dios y una *responsabilidad* fundamental de hacer esto como resultado de haber sido *mandado* en el Mandato de la Creación. La tarea distintiva del hombre en el mundo en concordancia con el plan de Dios es desarrollar la cultura.[12] La cultura puede ser definida como la suma depositada de los trabajos normativos del hombre en el tiempo extraordinario agregado.[13] Adán tenía que "cultivar" el mundo (Génesis 1:26-28), empezando con el Edén (Génesis 2:15).

Interesantemente, la temprana caída del hombre fue conducida a hazañas culturales, más allá de las expectativas de los antropólogos y sociólogos humanistas. Vemos el efecto y el significado del Mandato de la Creación muy temprano en la

---

Dios creó la tierra en seis edades, Él pudo haber empleado el término hebreo más adecuado *olam*.

[12] Vea: Francis Nigel Lee, *Culture: Its Origin, Development, and Goal* (Cape May, NJ: Shelton College Press, 1967); Abraham Kuyper, *Lectures on Calvinism* (Grand Rapids: Wm. B. Eerdmans, [1898] 1961); Henry R. Van Til, *The Calvinistic Concept of Culture* (Philadelphia: Presbyterian and Reformed, 1959); Francis Schaeffer, *How Should We Then Live?: The Rise and Decline of Western Thought and Culture* (Old Tappen, NJ: Fleming H. Revell, 1976).

[13] La primera entrada bajo "cultura" en OED dice: "1. Alabanza; homenaje reverente". Esto también dirige atención hacia la entrada "culto", donde se lidia con el latín *cultus* ("alabanza"). La idea de cultura está cercanamente relacionada con actividad religiosa. *The Compact Edition of the Oxford English Dictionary*, 2 vols., (Oxford: Oxford University Press, 1971), 1:622.

hazaña de la construcción de la cultura de la descendencia de Adán. En la Biblia, el hombre es visto como una criatura dominical, dominando la tierra y desarrollando la cultura, incluso a pesar de la entrada del pecado. El hombre rápidamente desarrolló varios aspectos de la cultura social; ganadería, creando música, haciendo herramientas de metal, etcétera (Génesis 4:20-22). Ese hombre es una criatura social (Génesis 2:8), su construcción de cultura incluye el ámbito del gobierno político también; esto es evidente en el orden de la autoridad gubernamental de Dios (Romanos 13:1-2). A su misma creación, al hombre no solo se le mandó desarrollar toda la creación de Dios, sino que también él en realidad empezó a hacerlo. La cultura no es algo aparte del orden histórico, tampoco debería serlo para la empresa cristiana.

Es importante darse cuenta de que el Mandato Cultural *no* fue retirado con la entrada del pecado al mundo. El mandato aparece en varios lugares en la Escritura *después* de la caída: Génesis 9:1; Salmo 8; Hebreos 2:6-8. Pero el nuevo factor del pecado necesitó una intervención divina y el suplemento del Mandato Original con el nuevo factor de *redención*.

Inmediatamente después de la caída de Adán al pecado, Dios estableció el pacto de gracia, el cual aseguraba la redención del hombre. Génesis 3:15 promete la venida de un Redentor ("la semilla de la mujer"), quien destruirá a Satanás ("la semilla de la serpiente"). Este verso es a menudo llamado el "protoevangelio" o la "primera promesa del Evangelio". El Evangelio de la gracia salvadora de Dios empezó en este punto en la historia.[14] Y es la Gran Comisión la que viene como la piedra angular de esta promesa protoredentora.

Los Mandatos Comparados

---

[14] Romanos 1:1-2; Gálatas 3:8; Hebreos 4:2 hablan del "evangelio" en el Viejo Testamento. Dios siempre ha salvado al hombre por su gracia, aparte de las obras y basado en la obra de Jesucristo.

Hay algunos evangélicos que no asocian el Mandato de Creación (o Cultural) de la Gran Comisión,[15] el cual también se ha llamado Mandato de la Nueva Creación (o evangelístico). Este es un error muy desafortunado que le resta valor a la grandeza de la Gran Comisión y a un compromiso serio con el llamado cristiano en el mundo. Sin embargo, los dos mandatos están íntimamente relacionados, esto puede verse a partir de varias consideraciones.

Ambos mandatos son concedidos en tiempos estratégicos

En este contexto, el Mandato de la Creación ocurre como la "hinchazón de la canción de júbilo" al cumplirse la actividad creativa de Dios.[16] En ese tiempo, la creación acabada de terminarse y de haberse pronunciado como "muy buena" (Génesis 1:31-2:2). Génesis declara que "Dios terminó su trabajo".[17] La palabra griega para "terminado" es *suntetelesen*, la cual está basada en la palabra raíz *teleo*. Sobre la base del término del trabajo de Dios, se da la jubilosa declaración.

El Mandato de la Nueva Creación, también ocurre en el clímax de la labor divina. Se dio al terminar el trabajo de Cristo, asegurando la redención del hombre, poco después Él declaró: "Está terminada" (Juan 19:30).[18] Esta declaración en griego es *tetelestai*, la cual se basa en la palabra raíz *teleo*, la misma raíz encontrada en la declaración en Génesis 2:2.

---

[15] Vea por ejemplo los trabajos recientes de Hal Lindsay, *The Road to Holocaust* (New York: Bantam, 1989), pp. 272ff; Dave Hunt, *Whatever Happened to Heaven?* (Eugene, OR: Harvest House, 1988), pp. 225ff; y H. Wayne y Thomas D. Ice, *Dominion Theology: Blessings or Curse?* (Portland, OR: Multnomah, 1988), pp. 150ff.

[16] C. F. Keil y Franz Delitzsch, *The Pentateuch in Commentary on the Old Testament* (Grand Rapids: Wm. B. Eerdmans, rep. 1975), 1:64.

[17] Traducción de la Versión Americana Estándar (1901) y la Versión Revisada Estándar.

[18] Vea también Juan 17:4; Hebreos 1:3.

Por la obra de Cristo, ha empezado una "nueva creación"; hay varios versos que hablan de la salvación como una nueva creación.[19] La vieja creación involucra el mundo material en el cual vivimos; la nueva creación involucra el mundo espiritual, el que gobierna la vida que vivimos como criaturas salvas. En consecuencia, la vieja creación y la nueva creación se corresponden. Así que el Mandato de Creación y el Mandato de la Nueva Creación son también un suplemento del otro.

Ambos mandatos claman por la misma autoridad

La última autoridad del Dios Trino específicamente subyace en los Mandatos de la Creación y la Nueva Creación. El Mandato de la Nueva Creación se dio directamente de la boca de Dios, quien acababa de crear toda la realidad por medio de la Palabra hablada (Génesis 1:26-31). Así que fue el mismísimo Dios quien dijo: *"Hagamos* al hombre a *nuestra* imagen" (Génesis 1:26) así indica su ser trinitario.

La actividad del último mandato de la creación es ser hecho "en el nombre del Padre y del Hijo y del Espíritu Santo", el Dios trino (Mateo 28:19). También fue pronunciada por la mismísima boca de Dios, Dios el Hijo, quien sostiene "toda autoridad en el cielo y en la tierra" (Mateo 28:18) y por quien fue creado el universo.[20]

Ambos mandatos son dados a cabezas federales

El Mandato de la Creación fue inicialmente bajo la cabecera federal de Adán. Por la palabra "federal" se implica que Adán no actuó solo, por sí mismo, sino por nosotros. Cuando él fue tentado en el Jardín del Edén (Génesis 2:16-17) y cayó (Génesis 3:6ff), lo hizo en lugar de nosotros, como nuestra cabeza federal

---

[19] 2 Corintios 5:17; Gálatas 6:15; Efesios 2:15; 4:24.

[20] Juan 1:3, 10; 1 Corintios 8:6; Colosenses 1:16-17.

(Romanos 5:14ff). Todos nosotros nacimos pecadores[21] sobre la base de la conexión federal con Adán. No ganamos nuestro estado pecaminoso; nacemos en él.

El Mandato de la Nueva Creación está bajo la continuidad del Último Adán, Cristo.[22] Cuando Cristo vivió de acuerdo con la ley de Dios todas sus pruebas (Hebreos 4:15) y murió bajo esa Ley (Gálatas 4:4), Él hizo esto a nuestro nombre, como nuestra cabeza federal (Romanos 5:14ff). Todos los cristianos son nacidos de nuevo[23] sobre la base de conexión de su cabeza federal con Cristo. Nosotros no ganamos una posición justa, nacemos en ella.

Ambos mandatos realizan la misma tarea

Tanto el Mandato de la Creación y Nueva Creación están designados a la dominación de la tierra para la gloria de Dios. El Mandato de la Creación se hizo para empezar en el Edén (Génesis 2:15) y gradualmente extenderse por toda la tierra (Génesis 1:26-28). Se actualizó después de la Gran Inundación (Génesis 9:1-7).

El Mandato de la Nueva Creación, el cual suplementa, subyace y restaura al hombre éticamente a la justa tarea del Mandato de la Creación, iba a empezar en Jerusalén (Lucas 24:47) y gradualmente a extenderse a través del mundo (Mateo 28:19). Como lo mostraremos en los siguientes capítulos, la Gran Comisión establece la obligación divina de la verdadera naturaleza creada del hombre. Esta busca la salvación del mundo, la venida del orden creado de sumisión a la regla de Dios. Esto se va a realizar bajo la activa y santificada agencia del hombre redimido, quien ha sido renovado a la imagen de Dios.[24]

---

[21] Génesis 8:21; Salmo 51:5; 58:3; Juan 3:6; Efesios 2:1-3

[22] 1 Corintios 15:45; Mateo 28:18, 20.

[23] Juan 1:12-13; 3:3; Santiago 1:18; 1 Pedro 1:23.

[24] Colosenses 3:10; Efesios 4:24.

Ambos mandatos fueron originalmente dados a grupos pequeños

El Mandato de la Creación originalmente se les dio a Adán y a Eva (Génesis 1:27), y luego se les renovó a Noé y a sus hijos (Génesis 9:1). El Mandato de la Nueva Creación se les dio a los discípulos de Cristo (Mateo 28:16) para todas las edades (Mateo 28:20).

Es claro desde el Nuevo Testamento que los pocos discípulos originales, aunque inicialmente intimidados por la resistencia de sus compatriotas nativos, eventualmente vencieron su cobarde vacilación. Al ser testigos de la resurrección de Cristo, se convencieron del poder de Dios. Ellos recibieron el mandato de "discipular todas las naciones" sobre la base de "toda autoridad en el cielo y en la tierra" y aceptaron la obligación de predicar el Evangelio a "toda criatura" (Marcos 16:15).

Ambos mandatos requieren la misma habilitación

Como lo mostré antes, el Mandato de Creación establece una conexión cercana entre la revelación interpretativa con respecto al hombre creado a la imagen de Dios (Génesis 1:26a, 27) y su mandato a gobernar sobre el orden de creación (Génesis 1:26b, 28). El hombre le hace honor a su propósito de creación al ejercitar justo dominio en la tierra. Dios ha implementado dentro del hombre la capacidad de dominio. La entrada del pecado, sin embargo, pervirtió el dominio piadoso en un deseo de "ser como Dios" (Génesis 3:5).

El Mandato de la Nueva Creación provee la restauración esencial de la imagen de Dios en conocimiento, justicia y santidad (Efesios 4:24; Colosenses 3:10). El Mandato de Creación consecuentemente subyace por la actividad restaurativa de Dios por medio del poder de la nueva creación.

Conclusión

Una parte importante de la Gran Comisión se encuentra firmemente colocada sobre la base de la Escritura y la creación en Génesis. Una conciencia de la tarea del hombre divinamente ordenada en el mundo es esencial para entender la grandeza de la Gran Comisión, como lo mostraré más ampliamente en la exposición de la Comisión en sí misma. La Gran Comisión es un corolario del Mandato de la Creación.

Pero la segunda piedra fundacional, a la cual aludí arriba, se debe considerar ahora, ese asunto fundacional se refiere al pacto de Dios con el hombre.

2

EL PACTO Y LA GRAN COMISIÓN

De igual manera, después que hubo cenado, tomó la copa diciendo: "Esta copa es el nuevo pacto en mi sangre, que por vosotros se derrama" (Lucas 22:20).

Estructurar la tarea del hombre ordenada por Dios en el mundo es un marco legal distintivo, el cual es abundantemente exhibido en la Escritura. La estructura legal es conocida como "pacto". La Biblia es un documento de pacto. Incluso una lectura rápida de la Escritura demuestra que la Biblia tiene un reparto del pacto fuertemente fundido: la palabra "pacto" se menciona casi 300 veces en el Viejo Testamento[1] y 30 veces en el Nuevo Testamento.[2]

El Pacto en la Escritura

---

[1] Algunas veces la palabra hebrea para "pacto" (*berith*) es traducida como "confederación" (Oba. 7) o "liga" (Josué 9:6ff; 2 Samuel 3:12ff).

[2] En la Versión del Nuevo Testamento King James la palabra griega para "pacto" (*diatheke*) algunas veces es rendida "pacto" y otras veces "testamento".

Para entender las implicaciones de la idea del pacto y el significado fundamental para la verdad redentora de la Gran Comisión, necesitamos una pequeña introducción.

Trasfondo Histórico

Los pactos mutuamente establecidos eran comunes entre los antiguos, de lo cual hay numerosos ejemplos tanto en la Escritura como en los antiguos textos no bíblicos. Por ejemplo, debemos notar los pactos entre las siguientes partes: Abraham y Abimelec (Génesis 21:22-32), Isaac y Abimelec (Génesis 26:26-31), Jacob y Laban (Génesis 31:43-55), Josué y los gabaonitas (Josué 9:3-15), y Salomón e Hiram (1 Reyes 5:12). Hay muchos más.

Tales pactos mutuamente establecidos son similares a los contratos y tratados modernos, aunque con algunas diferencias importantes.[3] Estos pactos humanos fueron entre partes aproximadamente iguales: hombre a hombre.

También se revelan en la Escritura los pactos divinos más soberanamente establecidos. Las partes en estos son decididamente desiguales: el Dios infinito y el hombre finito. Algunos de los pactos divinos enfatizados en la Escritura son aquellos establecidos con: Adán (Oseas 6:8), Noé (Génesis 6:18), Abraham (Génesis 15:18), Israel (Éxodo 24:8) y David (Salmo 89:3). En el futuro desde la perspectiva del Antiguo Testamento descansa el glorioso y final "Nuevo Pacto" (Jeremías 31:31-34). Pablo resumió los pactos del Viejo Testamento como "los pactos [plural] de la promesa [singular]" (Efesios 2:12). Hay tanto una unidad básica que subyace los pactos divinos, así como un progresivo desarrollo en ellos.

---

[3] Pacto y contrato no pueden ser igualados. Vea Gary North, *The Sinai Strategy: Economics and the Ten Commandments* (Tyler, TX: Institute for Christian Economics, 1986), pp. 65-70.

Definición Legal

Dicho sucintamente, un pacto puede ser definido como:

Un vínculo juramento solemnemente establecido, el cual crea una relación favorable entre dos o más partes basadas en ciertos términos específicos y el cual promete bendiciones por la adherencia fiel a esos términos, mientras que maldiciones amenazantes para infieles salen de ellos.[4]

Consideremos los elementos básicos cualitativos de nuestra definición.

Un Pacto es un Vínculo-Juramento. En un pacto las partes juran solemnemente mantener las obligaciones esbozadas en el contrato del pacto. De los pactos divinos, la Escritura hace notar con respecto a Dios: "Porque cuando Dios hizo la promesa a Abraham, no pudiendo jurar por otro mayor, juró por sí mismo" (Hebreos 6:13). Un pacto establece un vínculo *jurídico*, con el cual la apelación puede ser hecha por cualquiera de las partes, si los términos son incumplidos. Así que un pacto establece y protege derechos específicos.

Además, cada parte del pacto iba a tener una copia del contrato actual. Esta es la razón por la que los Diez Mandamientos estaban en *dos* tablas de piedra.[5] Cada piedra sostenía una copia completa de los Diez Mandamientos de cada parte, Dios y el hombre.[6]

---

[4] Un estudio útil del pacto en la Escritura se encuentra en O. Palmer Robertson, *The Christ of the Covenants* (Phillipsburg, NJ: Presbyterian and Reformed, 1980).

[5] Éxodo 31:18; 32:15; 34:1, 4; Deuteronomio 4:13. Vea Meredith G. Kline, "The Two Tables of the Covenant", capítulo 1, Parte 2 de la *Structure of Biblical Authority*, rev. Ed. (Grand Rapids: Wm. B. Eerdmans, 1972), pp. 113-130.

[6] Interesantemente, en pactos divinos los profetas eran los "abogados" de Dios. Sus ministerios involucraban enjuiciar la "demanda" de Dios contra

Un Pacto Establece una Relación Particular. El propósito es establecer una relación favorable. El corazón de "los pactos de promesa" de Dios (Efesios 2:12) es: "Yo seré su Dios y ustedes serán mi pueblo". Esta idea se menciona un montón de veces en la Escritura.[7] Los pactos divinos establecen una relación favorable entre Dios y su pueblo por medio del pacto, el pueblo involucrado llega a estar íntimamente relacionado al Dios de la creación y redención.

El Pacto Se Protege y Promueve Por Sí Mismo. Las relaciones pactuales favorables son condicionales, se mantienen solo al mantenerse unos términos legales específicos. Así que del pacto antepuesto ante Israel en Deuteronomio 34:15, 19, leemos: "Mira, hoy he puesto ante ti vida y prosperidad, y muerte y adversidad.... He puesto ante ti vida y muerte, la bendición y la maldición". La obediencia a las demandas del pacto trae bendiciones; la desobediencia trae maldiciones.

Un Pacto Es Establecido Solemne y Formalmente. Los pactos no son casuales, informales ni arreglos inconsecuentes, son establecidos en la forma más solemne por medio de acciones solemnes designadas. La manera en la que son establecidos es bastante significativa. Por ejemplo, en Génesis 15 Dios con gracia y soberanía estableció su pacto con Abraham pasándolo solo entre las piezas de animales que Abraham había sacrificado (Génesis 15:8-17). La acción simbólica pactual representa a Abraham era una "promesa de muerte" gráfica de Dios. Él

---

Israel por "incumplimiento de contrato". Por ejemplo, note la terminología legal en Miqueas 6:1,2: "Oíd ahora lo que dice Jehová: ¡Levántate, *pelea contra* los montes, y oigan los callados tu voz! Oíd, montes, el *pleito* de Jehová, porque Jehová tiene un *pleito* contra su pueblo y *altercará* con Israel". Esto explica también por qué "testigos" fueron llamados al pacto de Dios. En Deuteronomio 30:19 Moisés dijo: "A los cielos y a la tierra llamo por testigos hoy contra vosotros" (Compare con Deuteronomio 4:26; 31:28; 32:1; Miqueas 6:1,2).

[7] Génesis 17:7; Éxodo 5:2; 6:7; 29:45; Levítico 11:45; 26:12, 45; Deuteronomio 4:20; Deuteronomio 7:9; 29:14-15; 2 Samuel 7:24; Salmo 105:9; Isaías 43:6; Jeremías 24:7; 31:33; 32:38; Ezequiel 11:20; 34:24; 36:28; 37:23; Oseas 1:10; Zacarías 8:8; 13:9; 2 Corintios 6:18; Apocalipsis 21:3, 7.

solemnemente prometió que cumpliría su promesa pactual y que si no sería "destruida" (como eran los sacrificios de animales). Así que en hebreo la frase: "hacer un pacto" puede ser traducida literalmente: "*cortar* un pacto".

Estructura Formal

Los antiguos establecieron pactos soberanamente entre reyes imperiales ("*suzerains*") y menos reyes y naciones y pueblos conquistados ("vasallos") a menudo tenían una estructura quíntuple, generalmente se encontraba en el orden abajo. Una breve introducción a esta estructura nos ayudará a entender el pacto de Dios, el cual también sigue este patrón pactual.[8]

1. *Trascendencia*: Por lo general un preámbulo que ofrece una declaración introductoria identificando la soberanía del pacto que hace con el rey.

2. *Jerarquía*: Un prólogo histórico resumiendo la autoridad del rey y la mediación de su gobierno, recordando sus circunstancias históricas.

3. *Ética*: Un detalle de las estipulaciones legales definiendo la ética de la vida fiel bajo los lazos de pacto.

4. *Juramento*: El establecimiento de las sanciones del pacto, especificando las promesas y las advertencias del pacto mediante la toma de un juramento formal.

5. *Sucesión*: Una explicación del arreglo que transfiere el pacto a la futura generación.[9]

---

[8] Información más detallada se puede encontrar en Ray Sutton, *That You May Prosper: Dominion By Covenant* (Tyler, TX: *Institute for Christian Economics,* 1987).

[9] La palabra griega para "Dios" es *theos.* "THEOS" puede servir como un útil acrónimo para recordar los rasgos identificadores del pacto: Trascendencia, Jerarquía, Ética, Pacto y Sucesión.

Como lo mencioné antes, el pacto de Dios sigue el mismo patrón. De hecho, esta estructura del pacto aparece frecuentemente en la Biblia. Un ejemplo prominente es el libro entero de Deuteronomio, el cual voy a describir en forma de ilustración.[10]

1. *Trascendencia* (especificando la soberanía del pacto hecho por Dios). Deuteronomio 1:1-3 sirve como preámbulo al pacto detallado en Deuteronomio. En el verso 3 a Israel se le dice que Moisés está diciendo "todas las cosas que Jehová le había mandado acerca de ellos". La palabra "Señor" se traduce de hebreo "Jehová", la cual se usa más de 6,000 veces en el Antiguo Testamento. Fue el nombre especial, redentor del pacto de Dios, por medio de ese nombre Él se dio a conocer a Israel justo antes de su gloriosa liberación de Egipto (Éxodo 6:2-7). El nombre de Jehová inmediatamente habló de la exaltada majestad y el glorioso poder de Dios. Esto fue lo que Él habló e hizo pacto en Deuteronomio.

2. *Jerarquía* (especificando la mediación de la soberana autoridad del hacedor del pacto). En Deuteronomio 1:6-4:49 descubrimos un breve ensayo de la historia actual de Israel, el cual quería recordarle a Israel la justicia activa, histórica de Dios en los asuntos del mundo. Notemos tres aspectos de la jerarquía involucrada:

(1) El Señor fue el último gobernante de Israel. Él con su gracia guió y protegió a Israel en el desierto y prometió derrocar a los enemigos en la Tierra Prometida (Deuteronomio 1:19-25, 29-31).

(2) Bajo el último gobierno de Dios fue establecida la inmediata gobernanza de Israel por los ancianos elegidos (Deuteronomio 1:12-16). Estas eran para gobernar para Dios (Deuteronomio 1:17).

(3) Bajo la dirección del gobierno de Israel, la nación fue un ejemplo de influencia a las naciones de la bondad de Dios y su

---

[10] Para una investigación más profunda de este esquema de Deuteronomio vea: Sutton, *That You May Prosper*, capítulos 1-6.

última regla (Deuteronomio 4:4-8). En esencia, ellos debían ser una luz del mundo,[11] ministrando por autoridad jerárquica la ley de Dios en el mundo. Israel, como un cuerpo, era el representante de Dios en la tierra.

3. *Ética* (especificando las estipulaciones del pacto). En Deuteronomio las estipulaciones se encuentran en los capítulos 5:1 hasta el 26:19. En la cabecera de esta sección están los Diez Mandamientos (Deuteronomio 5:1-21), los cuales son la base, la ley fundamental de los principios de Dios. Las otras leyes contenidas en Éxodo, Deuteronomio y otros son "leyes de caso", las cuales ilustran como la "ley base" es aplicar bajo ciertas circunstancias ilustrativas.[12]

4. *Juramento* (especificando las sanciones solemnes del pacto). En Deuteronomio 27:1-30:20 las sanciones del pacto son grabadas, las cuales animan la conducta ética prometiendo una recompensa y desanimando una rebelión ética amenazando con maldición.

5. *Sucesión* (especificando la trasferencia de arreglos pactuales al futuro). En Deuteronomio 31-33 Moisés se está aproximando a la muerte (31:2). Él anima fuerza futura (31:6-8) e involucramiento de toda la gente, incluyendo a los niños (31:9-13). La obediencia asegura futura continuidad de bendiciones (32:46-47) sobre todas las tribus (33:1-29).

---

[11] Isaías 42:6; 51:4; 60:3.

[12] Interesantemente, la estructura de la sección de estipulaciones de Deuteronomio incluso siguen el esquema de los Diez Mandamientos. El primer mandamiento se amplió en Deuteronomio 6-11; el segundo mandamiento en Deuteronomio 12-18; y el tercero en Deuteronomio 14; el cuarto en Deuteronomio 15:1-16:17; el quinto en Deuteronomio 16:18-18:22; el sexto en Deuteronomio 19:1-22:8; el sétimo en Deuteronomio 22:9-23:14; el octavo en Deuteronomio 23:15-25:4; el noveno en Deuteronomio 24:8-25:4 y el décimo en Deuteronomio 25:5-26:19. Vea James B. Jordan, *The Law of the Covenant: An Exposition of Exodus 21-23* (Tyler, TX: Institute foe Chrstian Economics, 1984), pp. 199-206 y Sutton, *That You May Prosper*, App. 1. Para información adicional vea Walter Kaiser, *Toward Old Testament Ethics* (Grand Rapids: Zondervan, 1983), capítulo 8.

Claramente, la idea del pacto es un concepto fundamental en la Escritura. Con la misma claridad el pacto es enmarcado en términos concretos para evitar cualquier confusión como también obligaciones y responsabilidades.

El Pacto y La Gran Comisión

Llegamos ahora al meollo del asunto, si la Gran Comisión es un pacto, si lo es, entonces va a exhibir la estructura quíntuple del modelo bíblico del pacto. Habría otras indicaciones de los aspectos pactuales de su ministerio. Si la Gran Comisión realmente es un pacto, entonces todos los cristianos caen bajo sus estipulaciones, a ellos Dios les pide que trabajen en la historia para llevarlo a cabo.

El Cristo del Pacto

Cristo es el cumplimiento de la promesa más básica del pacto. En Él todas las promesas de Dios encuentran su última expresión (1 Corintios 1:20).[13] Él es la confirmación de las promesas de Dios (Romanos 15:8). Así que, en su nacimiento el gozo del pacto de la promesa de Dios se expresó en una canción inspirada en la profecía de Zacarías: "Para hacer misericordia con nuestros padres, y recordar su santo *pacto*" (Lucas 1:72, énfasis añadido). La promesa fundamental del pacto ("Seré su Dios y ustedes serán mi pueblo") se expresa en el nacimiento de Aquel llamado "Emanuel" ("Dios con nosotros", Mateo 1:23), quien vino para "salvar a su pueblo de sus pecados" (Mateo 1:21).

Cristo fue autoconscientemente el "Mensajero del pacto", este mensajero del pacto fue profetizado en Malaquías 3:1: "'Yo envío a mi mensajero para que prepare el camino delante de mí. Y vendrá súbitamente a su templo al Señor, a quien vosotros

---

[13] Vea también: Hechos 13:23, 32; 26:6.

buscáis y el ángel del pacto, a quien deseáis vosotros ya viene, Él viene, dice el Señor, Señor de los ejércitos'''. Que Cristo viene como Mensajero del pacto es puesto más allá de la pregunta seria en la aplicación de Cristo de la primera parte de Malaquías 3:1 a Juan el Bautista, quien fue el precursor de Cristo. Mateo 11:10 registra el tributo de Cristo a Juan: "Porque este es de quien está escrito, 'He aquí, yo envío mi mensajero delante de tu faz, el cual prepara tu camino delante de Ti'". Así que, Él allanó el camino para el Mensajero del pacto.

Uno de los más largos mensajes de Cristo registrados es el Sermón del Monte (Mateo 5-7). Interesantemente, Cristo parece compararse intencionalmente con Moisés, a través de quien vino el Pacto mosaico.[14] Él lo hace al presentarse en la montaña (Mateo 5:1) como el Guardador de la Ley (Mateo 5:15ff), en paralelismo con Moisés en el Monte Sinaí como el Dador de la Ley (Éxodo 19-24).[15] En otra parte, aparecen comparaciones entre Cristo y Moisés (o "Sinaí").[16]

Moisés y Elías, quienes representan la Ley y los Profetas (el Antiguo Pacto[17]) incluso aparecen algo más tarde en el ministerio de Cristo en el Monte de la Transfiguración para cederle su autoridad pactual a Cristo.[18] Ellos le hablaron a Cristo con respecto a su próxima salida del mundo a través de la muerte,[19] cuando formalmente se estableciera el Nuevo Pacto.

---

[14] Éxodo 24:8; 34:27; Números 14:44.

[15] Vea R. E. Nixon, *Matthew* en D. B. Guthrie y J. A. Motyer, eds., *The Eerdmans Bible Commentary* (3era edición.: Grand Rapids: Wm. B. Erdmans, 1970), p. 850. R. H. Fuller, "Matthew" en James L. Mays, ed., *Harper's Bible Commentary* (San Francisco: Harper y Row, 1988), p. 981. Robert H. Gundry, *Matthew: A Commentary on His Literary and Theological Art* (Grand Rapids: Wm. B. Eerdmans, 1982), pp. 593-596. Cp. William Hendriksen, *The Gospel of Matthew (New Testament Commentary)* (Grand Rapids: Baker, 1973), pp. 261ff.

[16] Juan 1:17; Gálatas 4:24-5:2; Hebreos 3:2-5; 12:18-24.

[17] 2 Corintios 3; Hebreos 8; compare con Mateo 5:17.

[18] Mateo 17:1-18; Marcos 9:2-8; Lucas 9:28-36. Vea también: 2 Pedro 1:17ff.

[19] Lucas 9:28-31.

El Nuevo Pacto fue establecido por Cristo, "el Mensajero del pacto" en el Aposento Alto la noche que precedió su crucifixión. Fue establecido entre Él y el pueblo de la era de su Nuevo Pacto.[20] El Nuevo Pacto es la fruición (o "consumación"[21]) de varios pactos progresivos que desarrollaron el plan redentor de Dios en la era del Viejo Testamento.

Es claro que Cristo se presenta a sí mismo como el Mensajero del pacto para establecer el pacto consumador final entre Dios y su pueblo y es significativo para entender la Gran Comisión como una transacción pactual.

La Comisión y el Pacto

He pasado varias páginas desarrollando el tema del pacto de la Escritura para poner a la Gran Comisión en una perspectiva pactual. La Gran Comisión es un resumen del Nuevo Pacto; en consecuencia, descubrimos en él los rasgos estructurales específicos muy característicos de los pactos. En esta sección solo sugeriremos brevemente los elementos pactuales de la Gran Comisión, los cuales se explicarán en detalle en la Parte II de este estudio.

La estructura básica de la Gran Comisión involucra los siguientes elementos:

1. *Soberanía trascendental.* Cristo da la Comisión desde una montaña, un ambiente muy característico de exaltación en la Escritura. "Los 11 discípulos procedieron a Galilea, a la montaña que Jesús había designado" (Mateo 28:16).

2. *Autoridad jerárquica.* Desde la cima de la montaña Cristo declara que toda autoridad en el cielo y en la tierra es suya.

---

[20] El Nuevo Pacto es mencionado como establecido en Mateo 26:28; Marcos 14:24; Lucas 22:20; 1 Corintios 11:25; 2 Corintios 3:6ff; Hebreos 8:8ff; 9:15ff; 12:24.

[21] Robertson lo llama "el Pacto de Consumación". Robertson, *The Christ of the Covenants*, capítulo 13.

Luego Él comisiona a sus seguidores a dar a conocer su autoridad aprendida y sentida a través de la tierra. "Y cuando le vieron le adoraron…. Y Jesús se acercó y les habló diciendo: 'Toda potestad me es dada en el cielo y en la tierra. Por lo tanto, id y haced discípulos a todas las naciones'" (Mateo 28:17a, 18-19a).

3. *Compromiso juramento*. Aquellos llevados bajo la influencia de la gracia de la autoridad de Cristo deberían ser bautizados en su nombre, como una promesa de alianza pactual a Él. "[Bautícenlos] en el nombre del Padre y del Hijo y del Espíritu Santo" (Mateo 28:19b).

4. *Estipulaciones éticas*. Aquellos que están unidos a Él en bautismo deben aprender y obedecer las estipulaciones de su soberano, Jesucristo. "Haced discípulos a todas las naciones…. Enséñenles a guardar todo lo que yo os he mandado" (Mateo 28:19a, 20a).

5. *Arreglos de sucesión*. Cristo establece su comisión por la extensión de su autoridad a través de espacio ("todas las naciones", Mateo 28:19b) y a través del tiempo ("Y, he aquí, Yo estoy con vosotros todos los días, hasta el fin del mundo", Mateo 28:20b).

Conclusión

El énfasis repetido de la Escritura en el pacto no se puede negar. Nuestro Dios es un hacedor de pactos, quien habla y actúa en la historia entre los hombres. La redención que Él provee en Cristo no se puede entender propia y completamente aparte del progreso pactual exhibido en la Escritura, tampoco nuestras tareas como cristianos pueden aprovecharse aparte del pacto. Como veremos el marco del pacto de la Gran Comisión se sostiene dentro de la esencia de la empresa cristiana, del llamado cristiano en el mundo.

Dediquémonos a esta tarea, al llegar a una mejor compresión de ella.

PARTE II

CONFIGURACIÓN

3

LA DECLARACIÓN DE SOBERANÍA

Los once discípulos se fueron a Galilea, al monte donde Jesús les había ordenado. Y cuando le vieron le adoraron (Mateo 28:16-17a).

El primer punto del modelo del pacto es el establecimiento de la *soberanía* del hacedor de pacto. Cuando nos aproximamos a la Gran Comisión desde una perspectiva pactual, descubrimos que su ajuste conceptual claramente señala a su soberana disposición en muchas maneras.

Para empezar nuestro estudio del asunto, debemos reconocer que los libros de la Escritura fueron escritos por hombres reales, de carne y hueso, históricos bajo la inspiración del Espíritu Santo. Así que los libros fueron dados en contextos particulares, históricos (2 Pedro 1:21).[1] Las Escrituras no cayeron del cielo

---

[1] Vea el énfasis en lo histórico, por ejemplo, en Isaías 7:3; Zacarías 1:1; Lucas 2:1, 2; 3:1-3.

como un libro de misterios. En consecuencia, por lo menos un entendimiento general de los contextos históricos y geográficos de cualquier pasaje dado es de gran ayuda para una más y una aprehensión precisa y completa.

Además, estar conscientes de los contextos históricos y geográficos de cualquier pasaje dado, a menudo ayuda a entender algo de la estructura literaria de libros particulares de la Escritura en la que se encuentran. Esto es especialmente verdadero de los Evangelios, los cuales representan un nuevo género literario que no es ni biografía ni teología. Este género literario es "evangelio". Como el teólogo del Nuevo Testamento Donald B. Guthrie ha notado de los Evangelios: "Mientras ellos son históricos en forma, su propósito fue más que histórico. No es, de hecho, un accidente que ellos fueran llamados 'Evangelios' en el antiguo período de la historia cristiana.... No había paralelismos a la forma del Evangelio que sirvieran como un patrón para los primeros escritores".[2] Los Evangelios fueron escritos por hombres comunes, quienes organizaron el material de acuerdo con la estructura pensada, el plan y el propósito (ver Lucas 1:1-4).[3] Entonces algo de la estructura literaria de Mateo también será útil para abrirnos la soberanía pactual de la Gran

---

[2] Donald B. Guthrie, *New Testament Introduction* (tercera edición: Downers Grove, IL: Inter-Varsity Press, 1970), pp. 13-14. Vea también F. F. Bruce, *Bulletin of the John Rylands Library*, xlv (1963), pp. 319-339; C. F. D. Moule, *The Birth of the New Testament* (tercera edición: San Francisco: Harper y Row, 1982), capítulo 5 y A. E. J. Rawlinson, *The Gospel according to St. Mark, Westminster Commentary* (sétima edición: London: Macmillan, 1949), pp. xviiiff.

[3] Note, por ejemplo, la estructura del Evangelio de Juan sobre siete milagros y el de Mateo sobre cinco grandes discursos, los cuales alternan narrativa y discurso. Vea: Robert. H. Gundry, *New Testament Introduction* (Grand Rapids: Zondervan, 1970), pp. 29ff, 309ff.

Comisión. Consideremos, entonces, el lugar, el tiempo y la configuración literaria de la Comisión.

El Contexto Geográfico

Cuando nos volvemos al asunto geográfico, notaremos el significado pactual de tanto la región como la topografía del lugar donde se dio la Gran Comisión. La región fue "Galilea"; la topografía fue en una "montaña".

Galilea

Los Evangelios nos enseñan que los discípulos de Cristo fueron instruidos por Él para ir a un lugar específico en *Galilea* para encontrarse después de la resurrección[4] y, por supuesto, la referencia del 28:16 es del mismísimo contexto de la Gran Comisión.

Es interesante que Cristo instruya a sus discípulos para que lo encuentren en *Galilea*.[5] Por supuesto, Cristo vivió allí en su juventud,[6] llamó a sus discípulos en Galilea[7] y desarrolló mucho de su ministerio ahí. Aunque el hecho de que Él organizara antes

---

[4] Marcos 16:7; Mateo 26:32; 28:7, 10, 16.

[5] Ha habido un intenso debate erudito sobre esta aparición en Galilea en un esfuerzo por armonizarlo con el récord de Lucas de la aparición de Cristo en Jerusalén en Judea. El tiempo y el esfuerzo requerido para moverse de ida y vuelta entre dos regiones es parte del problema al tratar de construir una cronología de los eventos.

[6] Mateo 2:22-23.

[7] Mateo 4:18-22; Juan 1:43-44.

una postresurrección con sus discípulos en Galilea para comisionarlos como lo hace, es instructivo. Este cambio de lugar es notable ya que ellos ya estaban en *Jerusalén*, el corazón de Israel en Judea, y estaban muy prontos a regresar allá para esperar el empoderamiento pentecostal para su misión.[8] ¿Por qué ahora se les dice que viajen a *Galilea*?

Galilea era un área en Israel que contenía *una mezcla de población judía y gentil* de los primeros tiempos, que habían sido conquistados y asentados inadecuadamente por los judíos durante la conquista original de la Tierra Prometida (Jueces 1:33). Además, durante el posterior conflicto asirio, los judíos del área fueron llevados a la cautividad y dejaron muchos gentiles como los habitantes de la tierra (2 Reyes 15:29). Por estas razones, la Galilea de arriba era conocida como "Galilea de los gentiles".[9] También por estas razones, los galileos eran notados por su acento mezclado peculiar,[10] y eran despreciados por los judíos en el sur, regiones más "puras".[11]

Interesantemente, Mateo es el único Evangelio que menciona el mandato de Cristo para los discípulos de evitar a los gentiles en el ministerio,[12] se refiere a Jerusalén como "la ciudad santa",[13] y registra a Cristo bajo el nombre de "Rey de judíos" antes de la inscripción de Pilato en la cruz.[14] Aunque tres veces al final del Evangelio de Mateo se menciona que Cristo iba a

---

[8] Lucas 24:47, 49, 52; Hechos 1:4, 8, 12.

[9] Isaías 9:1; Mateo 4:13, 15, 16.

[10] Mateo 26:73; Marcos 14:70; Hechos 2:7.

[11] Lucas 13:1; Juan 1:46; 4:45; 7:52; Hechos 2:7.

[12] Mateo 10:5; 6; 15:2-4.

[13] Mateo 4:5; 27:53.

[14] Mateo 2:2.

reunirse con sus discípulos en *Galilea*, muy lejos de Jerusalén y todavía en el área de judíos mezclados y de habitantes gentiles.[15] Además de esta información, deberíamos notar que justo antes de que se mencionara la Gran Comisión, los judíos sobornan y mienten con respecto al paradero del cuerpo de Cristo: "Ellos dieron mucho dinero a los soldados diciendo, 'Decid vosotros: "sus discípulos vinieron de noche, y lo hurtaron, estando nosotros dormidos.'… Y ellos, tomando el dinero; hicieron como se les había instruido; este dicho fue divulgado entre los *judíos* hasta el día de hoy"".[16] Tras la mención de este encubrimiento de los judíos en Jerusalén, Jesús aparece en Galilea a darles su Comisión de "discipular las *naciones*" (Mateo 28:16, 19). El Evangelio, como veremos, fue designado para promover la soberanía de Cristo sobre el mundo entero de los hombres, no solo de los judíos. Así que, incluso el lugar donde se dio anticipa esto, pues "a la luz de [Mateo 4:15ff] es probable que Galilea aquí represente a todos los pueblos en el versículo 19".[17]

La Montaña

Que los discípulos fueran "a la montaña a la que Jesús había designado"[18] parece también ser por algún propósito particular.

---

[15] Mateo 28:7, 10, 16.

[16] Mateo 28:12, 13, 15.

[17] W. F. Albright y C. S. Mann, *Matthew: The Anchor Bible* (Garden City, New York: Doubleday, 1971), p. 361. Vea también: J. Knox Chamblin, *Matthew* in W. A. Elwell, ed., *Evangelical Bible Commentary on the Bible* (Grand Rapids: Baker, 1989), pp. 779-780.

[18] El énfasis es mío. El hecho de que "la montaña" no se mencione en ningún otro contexto donde Galilea es especificada como el destino de estos

El empleo de Cristo de montañas para efecto instruccional es muy familiar. Por ejemplo, el Sermón del Monte, el Discurso de los Olivos y la ascensión fue desde el Monte de los Olivos.[19] Las montañas son significativas en la Escritura como *símbolos de soberanía, majestad, exaltación y poder.*[20] Como tales, ellas a menudo representan reinos, como en varios de los versos en la nota anterior sugieren, fue en una montaña donde Cristo comisionó a sus discípulos a llevar el Evangelio a "las naciones". El efecto majestuoso de esta Comisión desde una montaña se estudiará en detalle más tarde en el capítulo 4. Allí me enfocaré en las implicaciones de la autoridad jerárquica de la comisión. En este punto, yo simplemente señalo la oportunidad de la majestuosa comisión de los discípulos desde una montaña para simbolizar su soberana trascendencia en esta transacción pactual.

La idea es capturada muy bien por Lenski: "En las alturas de las montañas cielo y tierra, por así decirlo, se reúnen y aquí el Salvador glorificado habló de su poder en el cielo en la tierra. Con vasta extensión del cielo arriba de Él y el gran panorama de la programación de la tierra debajo de Él, Jesús destaca en su

---

discípulos, ha sido una fuente de discusión entre comentaristas (Marcos 16:7; Mateo 28:7, 10, 16). Sin embargo, el texto *aquí* claramente lo hace. Varios comentaristas sugieren que es el mismo en el cual el Sermón del Monte es dado: Chamblin, *Matthew*, p. 780. R: E. Nixon, *Matthew*, en D. B. Guthrie y J. A. Motyer, eds., *The Eerdmans Bible Commentary* (tercera edición: Grand Rapids: 1970), p. 850. F. C. Cook, New Testament, 1:194. Robert H. Gundry, *Matthew: A Commentary on His Literary a Theological Art* (Grand Rapids: Wm. B. Eerdmans, 1982), p. 594.

[19] Mateo 5-7; 24:3; Hechos 1:11, 12.

[20] Por ejemplo, Isaías 2:2-3; 11:9; 25:6; Ezequiel 17:22; 20:40; Daniel 2:35; Miqueas 4:1; Zacarías 4:7. Vea: David Chilton, *Paradise Restored: A Biblical Theology of Dominion* (Ft. Worth, Texas: Dominion Press, 1985), capítulo 4.

exaltación y su gloria — una visión sorprendente, en efecto".[21] Esta es la razón por la que los discípulos lo "adoraron" a Él allí (Mateo 28:17a).

El Contexto Temporal

La Comisión fue concedida por el Salvador *resucitado*, quien había "terminado" (Juan 19:30)[22] el trabajo de redención, el cual su Padre le dio a Él (Juan 17:4). Al haber conquistado el pecado (Romanos 3:23-26), a Satanás (Colosenses 2:15), y a la muerte (Hechos 2:24, 31). Cristo se levantó victoriosamente de la tumba como un rey conquistador[23] para comisionar a sus discípulos con soberana autoridad para llevar este mensaje a "todas las naciones". En el complejo de eventos que conectan la resurrección y la Gran Comisión, somos testigos de la investidura de Cristo como soberano.

Fue particularmente *en la resurrección* que Cristo fue "declarado como el Hijo de Dios con poder", de acuerdo con Pablo en Romanos 1:4. El verso dice: Él fue "declarado Hijo de Dios con poder, de acuerdo con el espíritu de santidad, por la resurrección de los muertos". En realidad, la palabra traducida "declarada"[24] en la mayoría de las traducciones de Romanos 1:4

---

[21] R. C. H. Lenski, The Interpretation of St. Matthew's Gospel (Columbus, OH: Wartburg Press, 1943), p. 1168.

[22] Compare Juan 4:34; Hebreos 1:3; 9:26-27.

[23] Vea la discusión de su reinado, abajo, pp. 39-40, 102-3.

[24] En el griego: *horisthentos* (de *horizo*). Se encuentra en otros lugares en Lucas 22:22; Hechos 2:23; 10:42; 11:29; 17:26, 31; Hebreos 4:7. Para ver una excelente exposición de Romanos 1:4 vea: John Murray, *The Epistle to the Romans (New International Commentary on the New Testament)*, 2 volúmenes. (Grand Rapids: Wm. B. Eerdsmans, 1959, 1965), 1:9. La

nunca es traducida así en otros lugares. La palabra es generalmente entendida como: "determinar, nombrar, ordenar". Como lo dice Murray: "No hay ni necesidad ni garantía que recurra a cualquier otra prestación que la provista por las otras instancias del Nuevo Testamento, a saber, que Cristo fue 'señalado' o 'constituido' Hijo de Dios con el poder y señala, por lo tanto, a una investidura que tuvo un principio histórico paralelo al principio histórico mencionado en" Romanos 1:3.[25]

Por supuesto, Cristo no fue "señalado" como el Hijo de Dios, pero en su lectura recomendada, Romanos 1:4 no sugiere eso; dice que Él fue "señalado Hijo de Dios *con poder*". El mismísimo punto de Romanos 1 es que Cristo vino *en la historia* como la "semilla de David" (Romanos 1:3), no que Él moraba en eternidad como el Hijo de Dios. Así que, en la resurrección, Cristo "*fue instaurado* en una posición de soberanía e investido de poder, un evento que con respecto a la investidura con poder superó todo lo que previamente se le pudo haber adscrito en su estado encarnado".[26]

Regresando a Mateo 28:18, deberíamos notar que una traducción literal del verso dice: "Y se acercó y les habló diciendo, 'Toda potestad me es dada en el cielo y la tierra...'".[27] Tanto la posición como el tiempo de la palabra "dada" debe notarse. En griego, las palabras puestas al frente de una oración son generalmente enfatizadas — como "dadas" aquí en la oración de Cristo. No solo se enfatiza "dadas" como

---

Revised Standard Version y Amplified Bible traducen el verbo: "designado".

[25] *Ibid.*

[26] *Ibid.*, 1:10.

[27] Robert Young, *Young's Literal Translation of the Holy Bible* (Grands Rapids: Baker, [1898]), Nuevo Testamento, p. 23.

particularmente significativa, sino que, de acuerdo con el tiempo del verbo griego,[28] su autoridad "dada" se dio a cierto punto en *tiempo pasado.*

El punto en el cual esta concesión de autoridad ocurrió fue obviamente en la resurrección, de acuerdo no solo con la clara implicación de texto que tenemos, sino también con la confirmación en Romanos 1:4: "Quien fue declarado Hijo de Dios con poder, según el Espíritu de Santidad, Jesucristo nuestro Señor".[29] La resurrección seguida cercanamente por la ascensión estableció a Cristo como Rey coronado como tal. Deberíamos notar que Filipenses 2:8,9 también usa el mismo tiempo verbal[30] para señalar la resurrección como ese tiempo cuando Cristo fue "conferido" con autoridad: "Él se humilló a sí mismo, haciéndose obediente hasta la muerte, y muerte en la cruz. Por lo cual Dios también le exaltó hasta lo *sumo*, y le dio un nombre que es sobre todo nombre".

---

[28] El griego para "dado" es *edothe*, el cual es el pasivo aorista indicativo de *didomi*. La palabra "aorista" está compuesta de dos palabras: *a* ("no") y *horizo* ("horizonte"), las cuales significan "ilimitado". Normalmente, por lo tanto, un tiempo aorista no tiene connotación temporal. En el tiempo indicativo, sin embargo, lleva la connotación de una acción pasada concebida como en un punto del tiempo.

[29] Por supuesto, es verdad en términos de su *deidad esencial* que esta "toda autoridad dada" era "no como un nuevo regalo, sino una *confirmación* y una *realización práctica* de poder sobre todas las cosas, las cuales habían sido dadas a Él por el Padre" en cuanto a su existencia humana. F. C. Cook, ed., *New Testament*, volumen 1: *St. Matthew- St. Mark- St. Luke*, en *The Holy Bible According to the Authorized Version A. D. (1611), With an Explanatory and Critical Commentary and a Revision of the Translation* (New York: Charles Scribner's Sons, 1901), p. 196. Énfasis añadido.

[30] Filipenses 2:9; sin embargo, emplea una palabra diferente para "dado": *echarisato* de *charizomai*.

Por esta razón J. P. Lange ha designado la Gran Comisión como una "segunda transfiguración".[31] Como Calvino escribió sobre la declaración del Señor en Mateo 28:18: "Debemos notar, su autoridad no fue exhibida abiertamente hasta que se levantó de la muerte. Solo entonces Él avanzó a lo alto, llevando la insignia de Rey supremo".[32] De aquí en adelante, dejamos de escuchar "No puedo hacer nada por mí mismo,"[33] por ahora "toda la autoridad" le pertenece.

Además, esta concesión de autoridad real fue profetizada en el Salmo 2:6-7:

> Yo hablaré de seguro del decreto del Señor;
> Él me dijo: 'Tú eres mi Hijo,
> Hoy te he engendrado.
> Pregúntame, y Yo de fijo daré naciones como herencia tuya
> Y los confines de la tierra como tu posesión'.

En Hechos este pasaje del Salmo 2 es claramente aplicado a la resurrección de Cristo. Hechos 13:33-34 dice: "Dios ha cumplido su promesa a nuestros hijos resucitando a Jesús, como está escrito también en el Salmo segundo: 'Mi hijo eres Tú, Yo te he engendrado hoy'. Y en cuanto a que le levantó de los muertos para nunca más volver a corrupción…"

---

[31] John Peter Lange, *Matthew* in Philip Schaff, edición y traducción, *Commentary on the Holy Scripture, Critical, Doctrinal and Homiletical* (tercera edición: Grand Rapids: Zondervan, [1861]), p. 556.

[32] John Calvin, *A Harmony of the Gospels Matthew, Mark, and Luke*, en *Calvin's New Testament Commentaries*, ed. por David W. Y Thomas F. Torrance, traducción de A. W. Morrison, 3 volúmenes, (Grand Rapids: Wm. B. Eerdmans, 1972), 3:250.

[33] Juan 5:19, 30; 8:28; 12:49; 14:10.

Aunque no se refiere al Salmo 2, Hechos 2:30-31 está de acuerdo en que la resurrección de Cristo fue a la autoridad real: "Pero siendo profeta, y sabiendo que con juramento Dios le había jurado que de su descendencia, en cuanto a la carne, levantaría al Cristo para que se sentase en su trono, viéndolo antes habló de la resurrección de Cristo..." Luego Pedro, haciendo referencia al Salmo 110, añade: "Porque David no subió a los cielos; pero él mismo dice: 'Dijo el Señor a mi Señor, siéntate a mi diestra, hasta que ponga a tus enemigos por estrado de tus pies'" (Hechos 2:34b-35).

Volviendo a Mateo 28:18, deberíamos notar que la afirmación de Cristo indica que algo nuevo ha ocurrido como resultado del cumplimiento de su obra redentora en su resurrección de la tumba. A Él se le ha dado *ahora* "toda la autoridad". La maravilla de esto se demostrará abajo.

Cristo es nuestro profeta, sacerdote y rey,[34] y su Gran Comisión exhibe su ministerio múltiple para su pueblo.[35] Así que en este y en el siguiente capítulo, veremos que Él habla como el *Gran Rey* que gobierna sobre su vasto reino, en el que Él es "toda autoridad en el cielo como en la tierra" (Mateo 28:18b).[36] Él es "el Rey de reyes y Señor de señores"

---

[34] El verso que junta más claramente estos tres oficios es Apocalipsis 1:5: "Y de Jesucristo es testigo fiel [profeta], el primogénito de los muertos [sacerdote] y el soberano de los reyes de la tierra [rey]".

[35] "Como Profeta Él representa a Dios con el hombre; como Sacerdote Él representa al hombre en la presencia de Dios; y como Rey Él ejercita dominio y restaura el dominio original del hombre". Louis Berkhof, *Systematic Theology* (cuarta edición: Grand Rapids: Wm. B. Eerdmans, 1941), p. 357.

[36] Para ver un excelente tratamiento del señorío presente de Cristo, vea William Symington, *Messiah the Prince or, The Mediatorial Dominion of Jesus Christ* (Edmonton, Alberta: Still Waters Revival, rep. 1990 [1884]). Vea también: Greg L. Bahnsen y Kenneth L. Gentry, Jr., *House Divided:*

(Apocalipsis 19:16). En el capítulo 5 veremos cómo la Gran Comisión es también una comisión profética. Como el *Gran Profeta*, Cristo declara la voluntad de Dios para todo el mundo al enseñarles a los hombres a "observar todo lo que he mandado" (Mateo 28:20a). En el capítulo 6, el aspecto sacerdotal de la Comisión será evidente. Como el *Gran Sacerdote*, Él asegura los juramentos honorables a aquellos sobre quienes tiene el dominio y su mandato a "bautizar" las naciones (Mateo 28:19b).

El Contexto Literario

La preciosa estructura del Evangelio de Mateo merece nuestra atención al considerar la Gran Comisión. Blair comenta con respecto a Mateo 28:18ff: "Aquí muchos de los énfasis del libro son atrapados".[37] Cook concurrió: "Con esta sublime declaración San Mateo termina su Evangelio a través del cual él ha guardado los principios que enunció distintivamente ante nuestras mentes".[38]

Yo iría un paso más allá y notaría que lo leído en las palabras de *cierre* del Evangelio de Mateo en los días finales del ministerio de Cristo, ya ha sido anticipado en las palabras de *apertura* del Evangelio terrenal de la vida de Cristo y el principio de su ministerio. Así que los primeros capítulos de su apertura

---

The Break-up of Dispensational Theology (Tyler, TX: Institute for Christian Economics, 1989), capítulo 12. John Jefferson Davis, *Christ's Victorious Kingdom: Postmillennialism Reconsidered* (Grand Rapids: Baker, 1984), capítulo 4.

[37] Edward P. Blair, *Jesus in the Gospel of Matthew* (New York: Abingdon, 1960), p. 45.

[38] F. C: Cook, *St. Matthew*, p. 45.

de Mateo parecen esperar ser la conclusión que obtenemos en la Gran Comisión. Permítame trazar brevemente los paralelismos; estos no parecen ser sencillamente una coincidencia, ellos hablan de *un Rey que viene* (Mateo 1-4) y *recibe soberanía* (Mateo 28) sobre un reino.

1. *Jesús como "Emanuel".* A. En el anuncio del nacimiento a José, tenemos una declaración del cumplimiento de Isaías 7:14 en el nacimiento de Jesús: "He aquí, una virgen concebirá y dará a luz a un hijo, y llamarán su nombre Emanuel", que traducido es *"Dios con nosotros"* (Mateo 1:23). ¡"Dios con nosotros" ha venido! B. En la conclusión de Mateo y en la Gran Comisión, tenemos el mismo tema: "Y he aquí, *Yo estoy con vosotros* siempre" (Mateo 28:20b). ¡"Dios con nosotros" permanece!

2. *La realeza de Jesús.* A. En Mateo 1:1 la genealogía real se enfatiza: "El libro de la genealogía de Jesucristo, el hijo de David, el hijo de Abraham".[39] Aquí no solo tenemos el nombre humano de Cristo ("Jesús") emparejado con su nombre mesiánico ("Cristo"), sino con el título real "Hijo de David" una adscripción familiar mesiánica en Mateo.[40] Así que: "La genealogía presentada en Mateo 1:1-17 no es un apéndice, pero está claramente conectada con la sustancia del capítulo

---

[39] Como se ha dicho: "Esta primera oración es equivalente a una declaración formal del mesianismo de nuestro Dios". J. A. Alexander, *The Gospel According to Matthew* (Grand Rapids: Baker, [1860] 1980), p. 2.

[40] Vea: Mateo 9:27; 12:23; 15:22; 20:30; 21:9; 15; 22:42. La mismísima estructura de esta genealogía descansa en "David el rey" (Mateo 1:6a). Su división autoconsciente división en 14 generaciones (Mateo 1:17) usa dos veces a David como pivote: La genealogía es trazada con un empuje optimista de Abraham a David, quien cierra el primer ciclo (Mateo 1:6). Luego desde David (Mateo 1:6b) hacia abajo (en declive) hacia una cautividad babilónica (Mateo 1:11). Luego, se mueve otra vez hacia arriba a Cristo (Mateo 1:16-17).

completo; en un sentido más amplio, con el contenido del libro entero".[41]

B. En Mateo 28:18 Cristo se presenta ante sus discípulos en el ejercicio de su recientemente asegurada autoridad real: "Toda autoridad me es dada en el cielo y la tierra". Una conclusión adecuada para un trabajo de apertura con una genealogía real.

3. *Los gentiles y el Rey*. A. En Mateo 2:1ff leemos de la venida de magos *gentiles* "del este" buscando a Cristo. Ellos lo buscan, "quien ha nacido como Rey de los judíos" (Mateo 2:2a). B. En Mateo 28:19 leemos del Rey soberano con "toda autoridad en el cielo y la tierra" al enviar a sus discípulos en busca de los gentiles: "Id y haced discípulos a todas las naciones".[42]

4. *Cristo atacado*. A. En Mateo 2 leemos de un intento de destrucción del joven Jesús al principio de su viaje terrenal: "Herodes va a buscar al Niño para matarlo" (Mateo 2:13b). B. La Gran Comisión fue dada al final del intento de destrucción de Cristo por medio de la crucifixión (Mateo 27:33ff) hacia el final de su ministerio terrenal.

5. *Israel reemplazado por las naciones*. A. En Mateo 3:9-11 Juan el Bautista les advierte a los judíos en Judea, quienes

---

[41] William Hendriksen, *The Gospel According to Matthew* (Grand Rapids: Baker, 1973), p. 107.

[42] Interesantemente, el verso de apertura de Mateo es: "El libro de la genealogía de Jesucristo, el hijo de David, el hijo de Abraham". En Génesis 12:3 se encuentra terminología similar a Mateo 28:19 que se refiere a "todas las naciones". Reflexionando sobre Génesis 12:3, Pablo escribe: "Y la Escritura, previendo que Dios había de justificar por la fe a los gentiles, dio de antemano la buena nueva a Abraham, diciendo: 'En ti serán benditas todas las naciones'" (Gálatas 3:8; el lenguaje aquí es identificado con Mateo 28:19). En consecuencia, en los versos de cierre de Mateo vemos los medios de esa bendición para "todas las naciones": la Gran Comisión.

estaban muy orgullosos de su descendencia abrahámica,[43] que "el hacha está ya puesta en la raíz de los árboles" y que había de venir una ardiente destrucción de Jerusalén. B. En la Gran Comisión, Cristo, el verdadero Hijo de Abraham, mientras estaba en Galilea (v. 16) después de que los judíos mintieron sobre su resurrección (vv. 12-15), les manda a sus seguidores "Id y haced discípulos a todas las naciones" (Mateo 28:19). 6. *Yuxtaposición geográfica*. A. En Mateo 3 la primera aparición pública abre con estas palabras: "Luego Jesús llegó de Galilea al Jordán" (Mateo 3:13). Su movimiento fue desde Galilea a Judea (Mateo 3:1). B. Al final de Mateo y su ministerio como se registra aquí, el movimiento de Cristo es el opuesto: Él se mueve desde Jerusalén en Judea a Galilea (Mateo 28:1, 6-7, 10, 16). 7. *Ritual bautismal*. A. Al abrir la presentación pública de Cristo en Mateo, leemos: "Entonces Jesús vino de Galilea a Juan al Jordán, para ser bautizado por él" (Mateo 3:13). B. En el cierre del ministerio de Cristo en Mateo, leemos: "Id y haced discípulos a todas las naciones, bautizándolos" (Mateo 28:19). 8. *La Trinidad*. En el bautismo de Cristo tenemos una de las más claras evidencias de la escritura de la Trinidad: "Y Jesús, después que fue bautizado, subió luego del agua; y he aquí los cielos le fueron abiertos, y vio al Espíritu de Dios que descendía como paloma, y venía sobre Él. Y hubo una voz de los cielos [el Padre], que decía: 'Este es Mi Hijo amado, en quien tengo complacencia'" (Mateo 3:16-17). B. En la fórmula bautismal de Cristo en la Gran Comisión nosotros otra vez tenemos claramente reflejada la Trinidad: "bautizándolos en el

---

[43] Mateo 3:9; Juan 8:33, 39.

nombre del Padre y del Hijo y del Espíritu Santo" (Mateo 28:19).

9. *La montaña*. A. Antes de empezar formalmente su ministerio, Cristo soporta la tentación de Satanás en Mateo 4. Ahí leemos del papel de una "montaña" en la tentación a la realeza: "El diablo lo llevó a una montaña muy alta y le mostró todos los reinos del mundo y de su gloria" (Mateo 4:8). B. En la Gran Comisión, Cristo habla desde una montaña con la autoridad real recién adquirida: "los once discípulos se fueron a Galilea, al monte donde Jesús les había ordenado" (Mateo 28:16).

10. *El reino dado*. A. En la tentación al inicio del ministerio del Profeta, Sacerdote y Rey,[44] Jesucristo, Satán le ofrece los reinos del mundo: "Otra vez el diablo lo llevó a un monte muy alto, y le mostró todos los reinos del mundo y la gloria de ellos y le dijo: 'Todo esto te daré, si...'" (Mateo 4:8-9). B. En la conclusión de la Gran Comisión, Cristo soberanamente declara que se le ha "dado"[45] "toda autoridad", no solo sobre los reinos en los que Satanás tenía autoridad, sino también en el cielo:

---

[44] Siguiendo 40 días de ayuno, la primera tentación fue cambiar piedras en pan (Mateo 4:2-3) esto nos recuerda al *profeta* Moisés (compare con Deuteronomio 18:18), quien ayunó 40 días y 40 noches (Éxodo 24:28). La segunda tentación (en el orden de Mateo) fue en el templo donde el *sacerdote* ministraba (Mateo 4:5). La tercera tentación en la montaña fue para que Él llegara a ser *rey* "sobre los reinos del mundo" (Mateo 4:8-9).

[45] La misma palabra "dar" (del griego: *didomi*) es usada en dos cuentos de tentación (Mateo 4:9; Lucas 4:6) y en la Gran Comisión (Mateo 28:18). El Evangelio de Lucas da más detalle de esta tentación, donde Satanás dice: "A ti te *daré toda* la *potestad*, y la gloria de ellos; porque a mí me da sido entregada, y a quien quiero la doy" (*Young's Literal Translation, New Testament*, p. 42.) Compare esto con "*toda la autoridad* de Cristo me ha sido *dada*".

"Toda autoridad me ha sido dada en el cielo como en la tierra" (Mateo 28:18). 11. *Alabanza*. A. En la tentación, Satanás pretende que Cristo lo adore: "Todo esto te daré, si te postras y me alabas" (Mateo 4:8). B. En la Gran Comisión, leemos que Cristo recibe alabanza[46]: "Y cuando le vieron, le adoraron" (Mateo 28:17). 12. *Sus discípulos*. En Mateo 4:18 Cristo llama a sus primeros discípulos cuando su ministerio terrenal empieza. B. En Mateo 28:18-20 Él comisiona a sus discípulos cuando su ministerio terrenal termina.

El Evangelio de Mateo es el más grande contexto literario de la Gran Comisión. En este Evangelio la realeza soberana de Cristo es inicialmente anticipada (Mateo 1-4) y finalmente asegurada (Mateo 28:18-20). Lo literario (por inspiración) y lo histórico (por providencia) haciendo paralelismo al principio y el final, apoyan la noción de que la Gran Comisión es una comisión real que establece la soberanía del Rey de reyes y Señor de señores".

Conclusión

Durante el ministerio de Cristo, el reino profetizado por largo tiempo se "aproximó"[47] y fue establecido en el mundo,[48] como estaba previsto.[49] Consecuentemente, los hombres estaban

---

[46] La misma palabra griega para "adoración" se emplea en ambos lugares (Griego: *proskuneo*).

[47] Marcos 1:14-15; 9:1; Lucas 21:31; Mateo 3:2; 4:12-17; 10:7; 16:28.

[48] Mateo 12:28; Lucas 17:20-21.

[49] Isaías 9:6, 7; Lucas 1:31-33; Mateo 2:2; Juan 12:12-15; 18:36-37.

entrando en él por su predicación.[50] Después Él lo declara judicialmente cumplido ("toda autoridad" se le dio a Él, Mateo 28:18) y después de su coronación formal en la ascensión al cielo,[51] leemos de cristianos posteriores declarándolo rey[52] y entrando a su reino.[53] Cristo hoy día gobierna a la derecha del trono de Dios.[54]

Los contextos geográfico, temporal y literario de la Gran Comisión todos nos mueven a reconocer su dignidad real, su afirmación de pacto de *soberanía*. En la seguridad de su reino, el Rey del cielo y la tierra habla de la tarea del reino al comisionar Él a sus discípulos. El reino que había estado haciendo avances en el ministerio de Cristo fue asegurado judicialmente por derecho en la resurrección.

Entender la Gran Comisión como algo menor que el reconocimiento de la dignidad soberana de Cristo y el contorno de la expansión de su reino, se queda corto sobre la grandeza de la Gran Comisión. Como el primer punto de la transacción pactual es el establecimiento de la soberanía del hacedor del pacto, entonces en la Gran Comisión vemos a Cristo exhibido como el Señor soberano, declarando su soberanía desde la cima de una montaña.

---

[50] Mateo 11:12; Lucas 16:16. Phillips traduce Mateo 11:12: "Desde los días de Juan el Bautista hasta ahora, el reino de los Cielos sufre violencia, y los violentos lo arrebatan".

[51] Hechos 2:30-31, 33-36; Hebreos 2:9.

[52] Hechos 3:15; 5:31; 17:7.

[53] Colosenses 1:12-13; 1 Tesalonicenses 2:12; Apocalipsis 1:6, 9.

[54] Romanos 8:34; Efesios 1:20; Colosenses 3:1; Hebreos 12:2; 1 Pedro 3:22; Apocalipsis 3:21.

II. La Jerarquía Pactual

4

EL EJERCICIO DE SOBERANÍA

"Y Jesús se acercó y les habló diciendo: 'Toda autoridad me es dada en el cielo y en la tierra. Por tanto, id y haced discípulos a todas las naciones" (Mateo 28:18-19a).

Como lo mencioné en el capítulo 3, la Gran Comisión es una comisión *real* que exhibe la soberanía del Rey de reyes y Señor de señores.

En este capítulo veremos más cercanamente las *implicaciones* de la soberana, autoridad real recibida por Cristo, la cual es la base legal de la Gran Comisión. Al hacerlo, descubriremos la mediación de la autoridad de la soberanía pactual.

La jerarquía pactual es claramente expuesta en Mateo 28:18-19a (citada arriba). Aquí debemos trazar el flujo jerárquico de autoridad:

(1)La autoridad es original y se deriva del Dios Trino ("toda autoridad ha sido dada", obviamente por Dios).

(2) ("para mí").

(3)Cristo comisiona a los cristianos administrativamente a promover obediencia a esa autoridad ("Id por lo tanto").[1]

(4)Sumisión autoconsciente a esa autoridad es dispersar a todo el mundo ("haced discípulos a todas las naciones").

Esta es la razón por la cual a los emisarios de Cristo se les llama "embajadores".[2]

En la Gran Comisión el reclamo de Cristo de haber recibido de Dios "toda autoridad en el cielo y en la tierra" formaliza *judicialmente* lo que ya era metafísicamente verdadero: El gobierno de Dios sobre todo.[3] O sea, Cristo en su Persona eterna como Dios, el Hijo siempre posee autoridad en sí mismo, está

---

[1] Esto subraya el estatus del pacto de los cristianos en la historia. Vea Mateo 5:5; 1 Corintios 3:21-23; Efesios 1:3; 2:6.

[2] 2 Corintios 5:20; Efesios 6:20. Algunos estudiosos sugieren una ligera falta de ortografía en el texto de Filemón 9 que permite la palabra "envejecida" (*presbutes*) ser traducida como "embajador" (*presbeutes*), también. Por ejemplo, J. B. Lightfoot, C. F. D. Moule, B. F. Westcott, F. J. A. Hort, E. Haupt, E. Lohmeyer, W. O. E. Oesterley y George Abbott-Smith. Vea: W. F. Arndt y F. W. Gingrich, *A Greek-English Lexicon of the New Testament and Other Early Christian Literature* (Chicago: University of Chicago, 1957), p. 707.

[3] A pesar del cambio reciente en el evangelismo de una aproximación judicial a una de amor, al elemento judicial en las Escrituras es extremadamente fuerte. Para ver una breve discusión de este cambio angustiante de paradigma, vea: Robert Brow, *"Evangelical Megashift"*, *Christianity Today* (February, 1990) 12-17. Vea también: Gary North, *Political Polytheism: The Myth of Pluralism* (Tyler, TX: Institute for Christian Economics, 1989), pp. 631-643.

intrínseca en su mismísimo ser.[4] Pero en términos de la *economía de la redención* (la manifestación exterior de la salvación), la segunda persona de la Trinidad se humilló a sí misma de su posición exaltada tomando la forma de siervo de "no reputación" (Filipenses 2:7) al tomar un cuerpo y un alma humana.[5] Él hizo esto para asegurar la redención de su pueblo, al vivir bajo la *Ley* y sufrir las *consecuencia judiciales* de las violaciones cometidas por ellos.[6] La *declaración judicial* de la aceptación de su labor redentora por el Padre fue en la resurrección, con tal evento histórico se le concedió toda la autoridad como un Rey conquistador.

Pero ¿qué implica esta subvención de "toda la autoridad en el cielo y en la tierra"? Y ¿cuál debe ser el programa de alcance de la Iglesia basado en esta concesión?

La Fuente de Autoridad

El que emite esta Gran Comisión a su pueblo es el que posee "toda la autoridad en el cielo y en la tierra". Esta misma terminología se le aplica a Dios el Padre: Él es "el Señor del cielo y la tierra" (Mateo 11:25). Dios es Señor y Gobernador de todo.[7] Un Faraón fuerte fue levantado para poder ser destruido,

---

[4] De hecho, la palabra griega para "autoridad" es *exousia*, que se deriva etimológicamente de *ek* ("fuera de") y *ousia* ("existencia").

[5] Note el orden jerárquico en 1 Corintios 11:3: "Pero quiero que sepas, que la cabeza de cada hombre es Cristo; y la cabeza de la mujer es el hombre; y la cabeza de Cristo es Dios".

[6] Vea: Mateo 20:28; Marcos 10:45; Juan 1:14; Romanos 1:3; 8:3; 15:8; 2 Corintios 8:9; Gálatas 3:10ff; 4:4; Filipenses 2:5-11; Hebreos 2:9-17; 10:5; 12:2.

[7] Amós 1:3-2:3; Obadías. 1; Isaías 10:5-34.

con el fin de llevarle gloria a Dios (Éxodo 9:16). El poderoso Imperio asirio no fue sino una vara de ira en su mano.[8] El poderoso rey babilonio, Nabucodonosor, fue su "siervo".[9] El rey persa conquistador, Ciro, fue usado por Dios como un "pastor" y como "su ungido" por el santo propósito de Dios.[10] Los medos fueron su propia arma.[11] En efecto, Él es el Rey de toda la tierra.[12]

El señorío del Señor está ilimitado en la Escritura, y Cristo se apropia de esa autoridad sin límites de Dios en la Gran Comisión, de ahí la naturaleza divina de la Comisión. No es una autoridad conferida eclesiástica, tradicional, filosófica o políticamente, sino una derivada en forma divina. La Gran Comisión viene a nosotros con una afirmación audaz: "Esto dice el *Señor*".

La resurrección fue el primer paso en la exaltación de Cristo; la ascensión su etapa conclusiva.[13] De hecho, "La ascensión está esencialmente implicada en la resurrección. Ambos eventos están combinados en el hecho de la exaltación de Cristo. La resurrección es la raíz y el principio de la ascensión; la ascensión es el florecimiento y la corona de la resurrección... La resurrección marca la entrada en el *estado* celestial; la ascensión, a la *esfera* celestial".[14]

---

[8] Isaías 10:5.

[9] Jeremías 25:9; 27:6; 43:10. Vea también: Jeremías 51:20.

[10] Isaías 44:28–45:13.

[11] Jeremías 51:11, 20.

[12] Salmo 29:10; 47:2; 95:3; 96:10; 97:10; 103:19; 115:3; 145:11-13; Daniel 2:47; 4:35; Isaías 6:5; Jeremías 46:18.

[13] John Peter Lange, *Matthew* (tercera edición), en *Commentary on the Holy Scriptures Critical, Doctrinal and Homiletical*, edición y traducción por Philip Schaff (Grand Rapids: Zondervan, rep. n.d. [1861]), 15:561-562.

[14] Lange, "*Matthew*", p. 556.

Dentro de los días de la resurrección, Cristo terminó sus dos fases de exaltación, cuando Él ascendió al cielo en el cumplimiento de Daniel 7:13, 14. Este pasaje es bastante importante en este aspecto, pero a menudo mal construido. De acuerdo con un número de estudiosos de varias escuelas y pensamientos, el pasaje de Daniel 7 forma el fondo profético de la Gran Comisión, como es evidente por lo menos tan tempranamente como Hipólito (170-236 D.C.).[15] Daniel 7:13-14 dice:

Miraba yo en la visión de la noche,
Y vi que con las nubes del cielo
Venía uno como el Hijo del Hombre,

---

[15] Hippolytus, *Treatise on Christ and Antichrist*, 26. Aunque él aplica Daniel 7 al futuro, por ejemplo el Segundo Advenimiento. Mateo 28:18-20 "ha sido formulado bastante conscientemente en términos de" Daniel 7:13-14 (Lloyd Gaston) *No Stone on Another: Studies in the Significance of the Fall of Jerusalem in the Synoptic Gospels* (Leiden: E. J. Brill, 1970), p. 385. Vea también los siguientes comentaristas de varias escuelas de pensamiento: D. A. Carson, "Matthew", en Frank E. Gaebelein, ed., *The Expositor's Bible Commentary* (Grand Rapids: Zondervan, 1984), 8:595. Henry Alford, *The Greek Testament*, 4 volúmenes, (London: 1849-1861), 1:308. Hendriksen, *Matthew*, p. 998. R. T. France, *Jesus and the Old Testament: His Application of Old Testament Passages to Himself and His Mission* (London: Tyndale, 1971), pp. 142-143. W. F. Albright y C. S. Mann, *Matthew*, en W. F. Albright y D. N. Freedman, eds., *The Anchor Bible* (Garden City, NY: Doubleday, 1971), p. 362. B. T. D. Smith, *The Gospel According to St Matthew*, in A. Nairne, ed., *The Cambridge Bible for Schools and Colleges* (Cambridge: University Press, 1933), 40:178. Frank Stagg, Matthew-Mark, en Clifton J. Allen, ed., *The Broadman Commentary* (Nashville: Broadman, 1969), 8:253. R. H. Fuller, "Matthew", en James L. Mays, ed., *Harper's Bible Commentary* (San Francisco: Harper y Row, 1988), p. 981. W. C. Allen, *Matthew*, en S. R. Driver, Alfred Plummer, y A. H. Briggs, eds., *The International Critical Commentary* (tercera edición: Edinburgh: T y T Clark, 1912), 40:305. John A. Broadus, *Commentary on the Gospel of Matthew*, en Alvar Hovey, ed., *An American Commentary* (Valley Forge: Judson Press, [1886]), p. 592.

Vino hasta el Anciano de días
Y lo hicieron acercarse delante de Él.

Y le fue dado dominio,
Gloria y reino,
Para que todos los pueblos, naciones y hombres de cada lengua
Lo sirvieran;
Su dominio es dominio eterno
Que nunca pasará;
Y su reino es uno
Que nunca será destruido.

Claramente esta "venida" fue su ascensión *al cielo*: "Él subió el Anciano de los Días". Así tan claramente como fue su empoderamiento como *rey:* "a Él se le dio dominio". En consecuencia, él respira el aire de autoridad universal: "para que *todos* los pueblos... puedan servirlo". Así que, está relacionado con la Gran Comisión, pues al Hijo del Hombre se le ha dado "toda autoridad en el cielo y en la tierra".

La Mediación de Autoridad

Con respecto a la real implementación del trabajo puesto ante la Iglesia por nuestro Señor, el comentarista puritano Matthew Poole hace mucho escribió de la importante función de "por lo tanto "id", cláusula en la Comisión: "... habiendo declarado su poder, Él la delega".[16] De hecho, "por lo que se refiere a la tierra, el dominio es solo un asunto de derecho o teoría, un problema

---

[16] Matthew Pool [sic], *Annotations Upon the Holy Bible* (New York: Robert Carter, 1856), p. 146.

que se debe resolver. Por lo tanto, que sigue.[17] Así que, el mandato puede ser parafraseado: "Todo poder se me ha dado en la tierra, id, *por lo tanto*, y haced el poder una realidad".[18]

El conector "por lo tanto", el cual está entre la declaración de "toda autoridad" y las exhortaciones de "ir" y "hacer discípulos", es más apropiado e importante aquí. Tiene "una fuerza peculiar en la conexión presente; trae una conclusión del regalo de toda autoridad concedida a Jesús. Pone todo su poder y autoridad detrás del mandato de evangelizar el mundo. Esto muestra que lo que era absolutamente imposible ahora llega a ser gloriosamente posible, sí, una realidad asegurada".[19] La tarea puesta ante este pequeño grupo de hombres[20] hubiera sido abrumadora si no hubiera sido apoyada con la autoridad universal reclamada por Cristo. Así que el significado del "por lo tanto" conecta el verso 18 con el verso 19.

---

[17] A. B. Bruce, *"The Synoptic Gospels"* en Roger Nicole, ed., *Englishman's Greek Testament* (Grand Rapids: Wm. B. Eerdmans, rep. 1980 [n.d.]), 1:339.

[18] *Ibid.*

[19] R. C. H. Lenski, *The Interpretation of St. Matthew's Gospel* (Columbus, OH: Wartburg Press, 1943), p. 1172.

[20] Hay un debate sobre cuántos están presentes ante Cristo cuando esta Comisión se da. Algunos comentaristas señalan a la referencia a "los once" en el verso 16. Otros comentaristas discuten que esto no imposibilita que hubiera gente adicional presente, pero solo especifica que todos los discípulos originales en particular estaban presentes. A menudo se afirma que la aparición de Cristo a los 500 hermanos (1 Corintios 15:6) debe haber sido en ese tiempo por (1) la dificultad de poner esa aparición en otro lado (2) la dificultad de explicar la "duda" expresada por algunos presentes, si solo los once estaban presentes (Mateo 28:17). Por ejemplo, A. T. Robertson, *Word Pictures in the New Testament*, 6 volúmenes, (Nashville: Broadman, 1930), 1:244. Sin embargo, el punto es el mismo: el número era pequeño en comparación con la tarea.

Una traducción exacta literal del griego del verso 19a dice: "Yendo, por lo tanto, discipulen todas las naciones".[21] El "yendo" es una traducción de un participio en el griego. Aunque expresan acción, los participios no son verdaderos verbos, sino adjetivos verbales. Sobre una base puramente gramatical, entonces, los participios dependen de los verbos principales para tener significado, así que no pueden estar solos (¡por lo tanto un escritor le temía a un "participio colgante!").

Algunos han discutido desde la gramática aquí que debido a que la palabra traducida "id" (literalmente "yendo") es un gerundio, no debe verse propiamente como un *mandato* para los discípulos, en eso los participios no tienen modo.[22] Ellos señalan que, si se deseara expresar un *mandato*, hubiera sido expresado por un verbo en el modo imperativo. La posición trazada de esta discusión gramatical es que el mandato de Cristo en realidad debería entenderse así: "Dondequiera que esté, haga discípulos".

Por supuesto, es verdad que "dondequiera que estemos" nos corresponde a nosotros hacer discípulos. Sin embargo, gramaticalmente un participio puede llevar la fuerza de la acción del verbo principal. Esto es porque el participio está tan relacionado con el verbo principal que participa en sentido de la fuerza de los verbos y el participio aquí tiene una *fuerza* imperativa contextualmente del verbo principal, a pesar de que no está en la *forma* imperativa.[23]

---

[21] Alfred Marshall, *The Interlinear Greek-English New Testament* (segunda edición: Grand Rapids: Zondervan, 1959), p. 136.

[22] Robert. O. Culver, "What Is the Church's Commission", *Bibliotheca Sacra* 125 [1968] 239-253.

[23] Vea: William Hendriksen, *The Gospel of Matthew (New Testament Commentary)* (Grand Rapids: Baker, 1973), p. 999; Cleon Rogers, "The Great Commission", *Bibliotheca Sacra* 130 [1973] 258-267.

Además, que este es en realidad un *mandato* "id" puede verse en la historia de la iglesia primitiva en Hechos. Ahí somos testigos del "ir" de los discípulos al mundo. Además, las comisiones relacionadas de Cristo, las cuales impulsan la progresión del Evangelio desde Jerusalén hasta todo el mundo, evidencian la expansión exterior, militante, que Cristo quería y sugiere esa compresión para Mateo 28:19.[24]

El punto, cuando todo se dice y se hace, es que Cristo esperaba que la gente de su Nuevo Pacto *fuera*, o sea, que fuera activa en la promoción de la fe verdadera. Bajo el Antiguo Pacto, Israel como nación estaba confinada a una tierra con parámetros bien definidos.[25] Ella debía ejercitar su influencia entre las naciones desde *dentro de esa tierra* y con *el ejemplo* mientras se mantuviera "en medio de la tierra" (Deuteronomio 4:5-8).[26]

---

[24] Lucas 24:47; Marcos 16:15-20; Hechos 1:8. Jerome (340-420 D.C.) escribió de Jerusalén: "Sería tedioso enumerar a todos los profetas y a los hombres santos que han sido enviados desde este lugar". Jerome, Carta 46 *To Marcella.*

[25] Génesis 15:18; Éxodo 23:31; Números 34:3-12; Deuteronomio 11:31; Josué 1:4; 1 Reyes 4:20-21. Esta tierra específica fue tomada por los cananitas y le fue dada a Israel sobre la base de sanciones divinas de la Ley de Dios contra la horrible perversidad de los cananitas al romper la Ley de Dios (Levítico 18:24-30).

[26] Vea 1 Reyes 5:7; Salmo 2:10-11; 119:45; Isaías 51:4. Sobre Deuteronomio 4:5-8 Ridderbos comenta: "El propósito de su instrucción es que Israel guarde estas leyes cuando han entrado a Canaán. Observando estos decretos y leyes mostrará la sabiduría de Israel y el entendimiento en los ojos de las naciones. La frase 'gran nación' refleja el respeto que las naciones tendrán por Israel por este motivo. La tarea misionera de Israel, viceversa del mundo pagano es indicada en una manera velada. Este respeto por Israel implica respeto por Él, desde quien Israel recibió estas leyes. Esta tarea misionera es más adelante desplegada en profecía, especialmente donde Israel es proféticamente descrita como la sierva del Señor. Este mensajero que Él manda (Isaías 42:19) a proclamar su alabanza (43:21), quien es llamado a ser su testigo (43:10), en cuya boca ha puesto sus

Nunca fue autorizada por Dios para conquistar naciones fuera de sus fronteras para anexarlas.[27] De hecho, en vez de Israel ir a las naciones, las naciones irían a ella.[28]

Ahora, con la transformación de la Iglesia a su nueva fase del Nuevo Pacto[29] y con su desarrollo de la inmadurez a la madurez (Gálatas 3:23-26), la militancia caracteriza su energía. Ella debe ir por todo el mundo sembrando semilla, sin importar consideraciones geográficas.[30] Por un propósito muy importante la Iglesia "está en el mundo" (Juan 17:15): para ir con autoridad real para confrontar a las naciones con las demandas de Dios. Así que la Comisión hace referencia a su autoridad sobre "las naciones" (v. 19a).

---

palabras (51:16)". J. Ridderbos, *Deuteronomy (Bible Student's Commentary)* (Grand Rapids: Regency Reference Library, 1984), p. 83.

[27] Con respecto a esto deberíamos notar: (1) Al rey de Israel se le prohibió "multiplicar caballos" (Deuteronomio 17:16), aparentemente debido al hecho de que en el terreno accidentado de Israel los caballos solo serían beneficiosos para un rey determinado a expandir sus fronteras y a proyectar su poder militar a tierras extranjeras. (2) Dios establece en su ley protecciones que preserven la integridad de sus hitos (Deuteronomio 19:14; 27:17; Proverbios 22:28; 23:10). (3) Un juicio profético por intentar "ampliar sus fronteras" es descubierto en Amós (Amós 1:13). (4) Visiones proféticas advierten de la ira de Dios en contra de las naciones inclinadas a la anexión imperial (Daniel 2; 7). A la luz de todo esto, las leyes en Deuteronomio 20:10-11 (con respecto a la guerra contra las naciones más allá de Israel) parece tener en mente la guerra "en una ocasión justa", es decir, guerra defensiva; vea: Robert Jamieson, A. R. Faussett, David Brown, 2 volúmenes, *A Commentary, Critical and Explanatory on the Old and New Testaments* (Hartford: S. S. Scranton, n. d), 1:134.

[28] Ejemplo, 1 Reyes 10; 2 Crónicas 9. Vea la imaginería involucrada en las profecías mesiánicas que retratan el mundo como viniendo a Jerusalén, Isaías 2:3; Miqueas 4:2; Zacarías 8:2.

[29] El Nuevo Pacto tiene que ver con la Iglesia: Jeremías 31:31-34; Mateo 26:28; Marcos 14:24; Lucas 22:20; 1 Corintios 11:25; 2 Corintios 3:6; Hebreos 7:22; 8:6-13; 9:15-16; 12:24.

[30] Confrontar Mateo 13:1-52; Mateo 28:19; Marcos 16:15; Lucas 24:47; Hechos 1:8; 13:47.

La Gran Comisión envía desde arriba una obligación para el pueblo de Dios. Ya no se puede recurrir a "la buena idea" que los Diez Mandamientos pueden ser considerados, las "diez sugerencias". No hay opción para el pueblo de Dios, es una tarea obligatoria puesta sobre aquellos que no solo son creados a la imagen de Dios (como todos los hombres lo son[31]), sino que también son éticamente renovados a esa imagen por la gracia y favor de Cristo.[32] Es una obligación que descansa sobre el pueblo que mora en la tierra aquí y ahora, pues "la tierra es la plenitud de Dios".[33]

A través del arreglo jerárquico pactual, estamos bajo la *obligación* de informarle a la gente del mundo acerca de la propiedad del Señor Dios sobre todas las cosas y de la autoridad de su Hijo, sobre todo. Debemos proclamar que esa redención es necesaria para la aceptación de Dios y la salvación del juicio eterno. Debemos instruir a los hombres de su consecuente responsabilidad de servir a Dios en toda la vida que resulta de tal gloriosa redención.

La Extensión de Autoridad

De acuerdo con sus mismísimas palabras, la misión de la Comisión es lo que verdaderamente puede llamarse *grande*.

---

[31] Génesis 1:26-27; 5:1,3; 9:6; 1 Corintios 11:7; Santiago 3:9. Aunque la palabra "imagen" está ausente, la idea también está contenida en el Salmo 8 y Hechos 17:28.

[32] Romanos 8:29; Colosenses 3:10; Efesios 4:24.

[33] Esta gloriosa afirmación se repite muchas veces a lo largo de la Escritura. Por ejemplo, vea: Éxodo 9:29; 19:5; Levítico 25:23; Deuteronomio 10:14; 1 Samuel 2:8; 2 Crónicas 29:11, 14; Job 41:11; Salmo 24:1; 50:12; 89:11; Salmo 115:16; 1 Corintios 10:26, 28.

Cristo manda: "Id y haced discípulos a todas las *naciones*". ¿Pero qué significa? El significado de la palabra "naciones" es de seria consecuencia. Su aprehensión se ha convertido en un puesto de disputa en el reciente debate entre evangélicos.[34]

Por lo que notamos arriba, debemos ver la obligación jerárquica de la Gran Comisión en su mandato de "Id... y haced discípulos a todas las naciones". Este mandato es notable aquí por su contraste con el anterior mandato de Cristo, *"No vayan por el camino de los gentiles"*.[35] El Evangelio de salvación era inicialmente "para el judío primero",[36] entonces era necesario que *empezara* su trabajo e influencia en Jerusalén.[37]

Pero Mateo informa de la aparición de los Magos no judíos del este (Mateo 2:1-2). Su enseñanza con respecto a la venida al reino de la gente desde el este y el oeste (Mateo 8:11), las parábolas del reino que involucran al mundo (Mateo 13), etcétera, dejan claro que el *ministerio de Cristo siempre esperaba la eventual inclusión de las naciones no judías*. Este no fue un cambio de programa inesperado, ya que incluso el Antiguo Testamento sostuvo sucesivamente la promesa de la salvación de los no judíos.[38] De hecho, los apóstoles

---

[34] Vea: Hal Lindsey, *The Road to Holocaust* (New York: Bantam, 1989), pp. 49, 277; Dave Hunt, *Whatever Happened to Heaven?* (Eugene, OR: Harvest, 1988), pp. 231-235; H. Wayne House and Thomas D. Ice, *Dominion Theology: Blessing or Curse?* (Portland, OR: Multnomah, 1988), pp. 150-161; Albert James Dager, "Kingdom Theology: Part III", *Media Spotlight* (January-June, 1987), p. 11.

[35] Mateo 10:5-6; compare con Mateo 15:24.

[36] Romanos 1:16; 2:10; Juan 4:22.

[37] Lucas 24:47; Hechos 1:8; 3:26.

[38] Génesis 12:3; 22:18; Salmo 22:27; 86:9; Isaías 5:26; 45:22; 49:6; 60:1-3; Jeremías 16:19; Miqueas 4:2; Zacarías 8:22-23; Malaquías 1:11.

frecuentemente citaron las profecías del Antiguo Testamento en defensa de su alcance de los gentiles.[39]

Pero algunos evangélicos tienden a entender el mandato como significando nada más que: "en la difusión del Evangelio, ninguna parte del mundo debe omitirse".[40] En consecuencia, simplemente significa que "el propósito de la Iglesia en esta presente etapa [es] ser un *testigo*".[41] La Gran Comisión se dice que involucra la salvación de "individuos" de entre las naciones, porque "hacer un discípulo en el sentido bíblico es una cosa individual".[42]

¿Quién entre nosotros no estaría de acuerdo con estas afirmaciones — *tan lejos como lleguen* — De seguro, las palabras de Cristo: "Id y haced discípulos a todas las naciones" no puede significar *menos* que el Evangelio es universal y que debe ser proclamado a la gente de todas las naciones y, con la misma seguridad es sostenido por todos los evangélicos, que la Gran Comisión demanda la salvación de pecadores de sus propios pecados.

¿Pero es esto *todo* lo que implica? ¿Es verdad que la Gran Comisión simplemente busca la *proclamación* del Evangelio en todas las naciones, o sea, que solo busca la salvación de individuos dispersos en todo el mundo, o hay más aquí de lo que podemos haber supuesto?

---

[39] Hechos 13:47; 15:15-17; Romanos 4:17; 9:24-26; 15:10-12; Gálatas 3:8.

[40] Howard Vos, *Mark*, p. 141.

[41] House y Ice, *Dominion Theology*, p. 165. Vea también: Anthony A. Hoekema, *The Bible and the Future* (Grand Rapids: Wm. B. Eerdmans, 1979), p. 138.

[42] Lindsey, *Road to Holocaust*, p. 277. En otro contexto, J. D. Pentecost está consciente de la precariedad de la individualización dispensacionalista del término *"ethnos"* e intenta un argumento de apoyo de él (Pentecost, *Things to Come*, p. 421).

El mandato de Cristo es hacer discípulos a todas las "naciones". La palabra griega traducida como "naciones" aquí es *ethne* (el plural de *ethnos*), la cual es una palabra interesante que cumple una función importante en la Gran Comisión. Consideremos, el significado de la palabra en sí misma, luego notemos cómo es el más apropiado para la Gran Comisión que cualesquiera otras palabras similares que puedan haber existido.

El significado de *Ethnos*

1. *Es una derivación etimológica.* La palabra *ethnos* era común en la lengua griega desde tiempos antiguos. Los etimologistas coinciden ampliamente en que se derivaba de otra palabra griega, *ethos*, que significa "'masa' o 'anfitrión' o 'multitud' unida por los mismos modales, costumbres y otros rasgos distintivos"[43] Y fue por último derivada del sánscrito *svadha*, que significa "propio estado, hábito".[44] Por lo tanto,

---

[43] Karl Ludwig Schmidt, "*ethnos*" en Gerhard Kittle, ed., *Theological Dictionary of the New Testament*, 10 volúmenes, traducido por Geoffery W. Bromiley (Grand Rapids: Wm. B. Eerdmans, 1964), 2:369. Vea también: Ernest Klein, *A Comprehensive Etymological Dictionary of the English Language* (New York: Elsevier, 1966), 1:547.

[44] Robert K. Barnhart, *The Barnhart Dictionary of Etymology* (Bronx, NY: H. W. Wilson,1988), p. 345. Vea también: Carl Darling Buck, *A Dictionary of Selected Synonyms in the Principal Indo-European Languages* (Chicago: University of Chicago Press, 1949), entrada 19.22, p. 1315. El Viejo Testamento Hebreo, el cual es traducido en griego como Septuaginta del Viejo Testamento por *ethne*, es *goi*, el cual es usado "en el sentido primario de un *cuerpo conectado*" (J. A. Selbie, "Gentiles" en James Hastings, ed., *A Dictionary of the Bible Dealing with its Language, Literature and Contents Including the Biblical Theology* (Edinburgh: T y T Clark, rep. 1955 [1899]), 2:149. Esta palabra hebrea significa "fluir juntos, como una muchedumbre, y fue originalmente usada en un sentido general de cualquier nación" (John M'Clintock y James Strong, *Cyclopaedia of Biblical, Theological, and Ecclesiastical Literature* (Grand Rapids: Baker, rep. 1969 [1887]), 3:788.

ethos contempla "un grupo de gente viviendo de acuerdo con una costumbre y regla".[45] De hecho, *ethos* en sí misma se encuentra en el Nuevo Testamento y significa "hábito, costumbre" (Lucas 22:39; Hechos 25:16).

Volviendo a la palabra específica que está en la Gran Comisión, el lexicógrafo Joseph Thayer enlista cinco matices del término *ethnos*: (1) Una "multitud... asociada o viviendo junta". (2) "Una multitud de individuos de la misma naturaleza o género". (3) "Raza, nación". (4) "Naciones extranjeras que no adoraban al Dios verdadero; paganos, gentiles". (5) "Gentiles cristianos".[46] En consecuencia, la palabra *ethnos* no habla mucho de individuos callejeros como tales, sino de *masas recogidas* de individuos *unidas juntas* por un lazo común, como en una cultura, sociedad, o nación.

2. *Su Uso en el Nuevo Testamento*. La raíz de la idea de la palabra *ethnos* es fácilmente discernible en Hechos 17:26: "Y de una sangre ha hecho todo el *linaje* de los hombres, para que habiten sobre la faz de la tierra". Además, lo mismo es verdad de Apocalipsis 7:9, donde una multitud de santos se reúne "de cada *nación* y de todas las tribus y pueblos y lenguas". De hecho, el significado nacional-cultural-colectivo es señalado por el uso de *ethnos* en varios lugares fuera de Mateo en el Nuevo Testamento.[47] Los judíos como una cultura distinta y

---

[45] Richard Chenevix Trench, *Synonyms of the New Testament* (novena edición: Grand Rapids: Wm. B. Eerdmans, 1969 [1880]), p. 368. La palabra está "basada en tales nociones como... común 'nacimiento', 'costumbres', o 'lenguaje', o hay palabras para 'país' usadas también para su 'gente'". Buck, *Dictionary*, Entry 19.22, p. 1315.

[46] Joseph Henry Thayer, *A Greek-English Lexicon of the New Testament* (New York: American Book Co., 1889), p. 168.

[47] De acuerdo con Arndt-Gingrich, p. 217, estos versos incluyen: Marcos 10:42; 11:17; 13:8; 10; Lucas 12:30; 21:10; 22:25; Hechos 8:9; 9:15; 10:35;

una entidad nacional son incluso llamados un *ethnos* en el Nuevo Testamento en muchos lugares,[48] lo cual muestra que el término no necesariamente significa "gentil" en el sentido de "no judío".[49]

De hecho, el término *ethnos*, cuando es aplicado por los judíos para otros, es con el mismísimo propósito de distinguir la cultura nacional (incluyendo religión, tradición, modales, etc.) de los no judíos de una cultura judía nacional.[50] Como tal, involucra la idea colectiva o corporativa de una cultura de un pueblo y no está relacionada simplemente con individuos extraviados. Además, en la forma encontrada en Mateo 28:19, la frase "todas las naciones" también se encuentra en otras frases. En esos versos habla de unidades no nacionales o culturales enteras como tales.[51]

13:19; 17:26. Vea también: Josephus, *Antiquities of the Jews* 11:215; 12:6, 135; 18:25; Hermas, *Similitudes* 9:17:2; Barnabas 13:2; Philo, *Decalouge* 96; 1 Clemente 59:4; 2 Clemente 13:2.

[48] Vea: Lucas 7:5; 23:2; Juan 11:48-52; 18:35; Hechos 10:22; 24:2; 10, 17; 26:4; 28:19.

[49] El mismo término "gentil" en inglés incluso deriva del latín *gentilis*, *gens*, lo que significa "nación" o "tribu". Vea: *The Compact Edition of the Oxford English Dictionary*, 2 volúmenes, (Oxford: Oxford University Press, 1971), 1:1130.

[50] Interesantemente, en vez de *ethnos,* el Nuevo Testamento más frecuentemente emplea la palabra griega *hellenes* ("Griego") cuando distingue al judío de otros. Vea: Juan 7:35; 12:20; Hechos 6:1; 9:29; 11:20; 14:1; 16:1; 3; 17:4, 12; 18:5; 19:10; 17; 20:21; 21:28; Romanos 1:14; 16; 2:9; 10; 3:9; 10:12; 1 Corintios 1:22, 24; 10:32; 12:13; Gálatas 2:3; 3:28; Colosenses 3:11.

[51] Mateo 24:14; 25:32(?); Marcos 11:17; Lucas 21:24; 24:47; Romanos 16:26; Gálatas 3:8; Apocalipsis 12:5; 14:8; 15:4; 18:3, 23. Incluso el teólogo amilenialista Anthony A. Hoekema admite que "naciones" en Mateo 28:19 se refiere a a gente recogida en los varios continentes, aunque él reduce el significado de la Comisión a un simple testigo. Vea: Anthony Hoekema, *The Bible and the Future* (Grand Rapids: Wm. B. Eerdmans, 1979), p. 139.

3. *Su función Mateana.* Interesantemente, un estudio del empleo propio de Mateo del término *ethnos* provee evidencia estadística a nuestro favor. En Mateo, nueve de 14 apariciones del término (o el 71% de sus apariciones) son usadas en una manera que claramente se refiere a las *naciones como tales*: Mateo 4:15; 10:18;[52] 12:18, 21;[53] 20:25; 21:43;[54] 24:7, 9, 14. En dos otras instancias (o el 14%) el término probablemente se entiende como la "nación" anunciadora: Mateo 6:32[55] y 25:32.[56] Las dos instancias (o el 14%) que probablemente involucran en la concepción general de "gentiles" o "pueblo"[57] son Mateo 10:5 y 20:19. La instancia restante se encuentra en el texto bajo discusión, Mateo 28:19. De hecho, debería notarse que virtualmente todas las traducciones principales del inglés traducen el término en la Gran Comisión con el inglés "naciones", más que "gentiles".[58]

Lenski claramente aplica el plural *ta ethne* de Mateo 28:19 a naciones, cuando él discute por el bautismo de infantes del

---

[52] Note la referencia contextual a los gobernadores y reyes. También compare esta profecía con los Hechos registrados de persecución.

[53] La lectura del Viejo Testamento es de Isaías 42:1-3, donde la NASV tiene "naciones". Ese texto habla de "justicia" (Isaías 42:1, 3, 4), una preocupación para entidades nacionales.

[54] Aquí se da un contraste entre la infiel Israel y la fase de la Iglesia del Nuevo Testamento, como si se compararan dos naciones.

[55] Note el ajuste, el cual contrasta *ethnos* con "el reino de Dios" (Mateo 6:33). Además, de fijo Israel estaría incluido entre aquellos que buscan comida y ropa (Mateo 6:31-32), más que solo no judíos ("gentiles").

[56] Incluso algunos dispensacionalistas discuten por esta referencia para referirse a distintas entidades políticas (A. C. Gaebelein, *Matthew*, 2:247). La palabra es traducida "nación" en las siguientes versiones: NASV, NIV, NEB, NKJV, RSV, ASV, Moffatt, Williams, Beck y Phillips.

[57] Como en la *Today's English Version* (TEV).

[58] Vea: KJV, NASV, NIV, NKJV, RSV, Williams, Moffatt, Weymouth, Phillips y Amplified.

pasaje, sobre la base de que había niños que componían "una parte tan grande de cada nación".[59] Lange sostiene la misma visión, cuando comenta la frase: "naciones, como naciones, deben ser cristianizadas".[60] En su *Lexicon,* Arndt y Gingrich proveen dos entradas para explicar el término *ethnos*: (1) "nación, pueblo" y (2) "pagano, paganos, gentiles". Bajo el primer listado ellos ponen Mateo 28:19.[61]

*El Significado de **Ethnos***
   Parecería que el término *ethnos*, el cual Cristo emplea en la Gran Comisión, lleva consigo un significado importante. Él llama a sus seguidores a "hacer discípulos a todas las naciones". Él no dice simplemente "discipulen a todos los *hombres*" (aunque este punto menor es verdadero también). En ese caso él hubiera podido escoger la palabra griega *anthropos*, la cual permitiría la referencia para indicar hombres como humanos individuales, más que razas resumidas, culturas, sociedades o naciones. Tampoco Él pide por el discipulado de "todos los *reinos*" (*basileia*), como si Él clamara solo por autoridad política. Más bien, Él clama por el discipulado de "todas las *naciones*" (*ethnos*), lo cual involucra a hombres como individuos unidos, juntos en todas sus labores y relaciones socioculturales.
   El trabajo de discipulado de la Gran Comisión, entonces, tiene como objetivo la aplicación integral de la autoridad de

---

[59] Lenski, *Matthew*, pp. 1178-1179.
[60] Lange, *Matthew*, p. 557.
[61] W. F. Arndt y F. W. Gingrich, *A Greek-English Lexicon of the New Testament and Other Early Christian Literature* (Chicago: University of Chicago, 1957), p. 217.

Cristo sobre los hombres a través de la conversión. *Al aumentar el número de convertidos, esta guía providencialmente a subsumir bajo la autoridad de Cristo instituciones, culturas, sociedades y gobiernos enteros.* Así como lo expresó Matthew Henry siglos atrás: "El cristianismo debe ser trenzado en las constituciones nacionales, ... los reinos del mundo deberían hacerse cristianos y sus reyes los ayos... [Haced] lo máximo para hacer las naciones cristianas... Cristo el Mediador está asentando un reino en el mundo, llevad a las naciones a ser sus súbditas".[62]

La Meta de Autoridad

El entendimiento de la administración jerárquica de la soberanía de la Gran Comisión nos ayuda entender ciertos de los pasajes que suenan universalistas que hablan de redención.

---

[62] Matthew Henry, *Matthew Henry's Commentary on the Whole Bible* (Old Tappan, NJ: Fleming H. Revell n.d. [1721]), 5:446. Se debe observar que Henry dice: *Cristianismo,* no la Iglesia institucional, debería estar trenzado con constituciones nacionales. Los mejores tratamientos modernos de esta doctrina se encuentran en North, *Political Polytheism, op. citada*. Contrario a algunos, ni siquiera la Ley mosaica endosa una *fusión* o *unión* de la Iglesia o el Estado. Más bien, dirige, una *armonía* y *respeto mutuo* de la Iglesia y el Estado bajo Dios. Incluso en el Israel del Viejo Testamento había una fuerte distinción entre la Iglesia y el Estado. Había una clara separación del sacerdote y el rey; una diferencia entre el templo y el palacio. Israel fue organizado como una *nación* bajo Moisés, quien fue el gobernador civil de Israel; Aarón, no Moisés, fue el padre de la línea sacerdotal. Que Dios guardó dos oficios eclesiásticos y civiles separados en Israel es claro en muchos pasajes como 1 Samuel 13:11-13, 2 Crónicas 19:5-11 y 2 Crónicas 26:16-21. En consecuencia, McClain está muy equivocado cuando afirma: "Bajo la Ley mosaica la autoridad religiosa y civil eran una. No había separación de la iglesia y el estado". Alva J. McClain, *Law and Grace* (Chicago: Moody, 1954), p. 14.

Cristo salva individuos, sin duda. Gracias a Dios por esa verdad gloriosa — ¡yo pienso que soy un individuo! Pero su plan y meta es salvar *masas* de individuos y las *culturas* que surgen de sus labores, también. Su plan es la salvación integral. Esto puede notarse en ciertos pasajes universalistas. Aunque somos propensos a hablar de Cristo como "mi Salvador personal", también a menudo pasamos por alto el hecho de que Él es declarado como "el Salvador del *mundo*". Hay varios pasajes que hablan del alcance de la redención en todo el mundo.

Salvación Cósmica

En Juan 1:29, Juan el Bautista vio a Jesús y pronunciar estas palabras: "He aquí el Cordero de Dios, que quita el pecado del *mundo*". En 1 Juan 4:14 leemos: "El Padre ha enviado al Hijo, el Salvador del *mundo*". Juan 3:16-17 dice: "Porque de tal manera amó Dios al *mundo*, que ha dado a su Hijo unigénito, para que todo aquel que en Él cree, no se pierda, mas tenga vida eterna. Porque no envió Dios a su hijo al *mundo* a juzgar al mundo, sino para que el mundo sea salvo por Él (compare Juan 12:47). 1 Juan 2:2 enseña que "Él mismo es la propiciación por nuestros pecados, y no solo por los nuestros, sino que también por todos los del mundo entero". En 2 Corintios 5:19 Pablo concibe de la labor activa de Cristo así: "Que Dios estaba en Cristo reconciliando consigo mismo al *mundo*".

Ahora estos pasajes claramente presentan a Cristo en labores redentoras, en ellos vemos que: a Él se le llama el *Cordero* de Dios; Él *quita el pecado*; su propósito al venir era *salvar*; Él provee *propiciación* para el pecador; Él está *reconciliando a los pecadores* con Él mismo".

Pero ¿qué significa la palabra griega *kosmos* (traducida como "mundo") en estos pasajes que hablan del alcance de la redención? Este sustantivo originalmente tenía que ver como el edificio erigido de partes individuales para formar un todo. Esto vino a ser aplicado a relaciones entre hombres como en el caso de ordenar soldados en ejércitos y gobiernos en asuntos de Estado. Eventualmente, *kosmos* vino a hablar del universo bien ordenado y era un importante término en la filosofía griega.

En el Nuevo Testamento la palabra *kosmos* hablaba de la suma de todo ser creado, tanto en la creación animada como la inanimada. Hechos 17:24 habla de Dios creando el "mundo y todo lo que está en él". Dios creó una creación ordenada, como se evidencia desde Génesis 1. Por lo tanto, Él creó un *kosmos*.

La palabra "mundo", tal como se emplea en los pasajes precedentes con respecto a la salvación del mundo refiere, entonces, al *mundo como el sistema ordenado de hombres y cosas*. O sea, el mundo que Dios creó y ama su creación como Él la planeó: un mundo en sujeción al hombre, quien a la vez debe estar sujeto a Dios (Salmo 8).

Un punto frecuentemente olvidado en los pasajes citados arriba es que esos versículos claramente hablan del sistema del mundo enfocado en su redención soberana. Así que, en cada uno de los pasajes bajo nuestro escrutinio, tenemos referencia al objetivo de salvación completa y gratis para el *kosmos*, el mundo como un sistema. O sea, las labores redentoras de Cristo están designadas a redimir el orden creado de los hombres y de las cosas; por lo tanto, la Gran Comisión demanda que discipulemos "todas las naciones", lo cual involucra no solo a todos los hombres como hombres (*anthropos*), sino a todos los hombres en sus conexiones culturales (*ethnos*) (Mateo 28:19), ya que

Cristo "es Señor de todos" (Hechos 10:36). Todo en la sociedad debe estar sujeto al Evangelio del Cristo soberano. En consecuencia, como A. T. Robertson se maravilló sobre la Gran Comisión: "Es el espectáculo más sublime de todos ver al Cristo resucitado sin dinero ni ejército ni estado encargándole a este grupo de 500 hombres y mujeres la conquista del mundo y llevarlos a creer en que es posible y emprenderlo con seria pasión y poder".[63] Sin embargo, eso es precisamente lo que Cristo hizo. Como lo puso Chamblin, cuando estaba hablando de darle tal autoridad a Cristo: "Dios el Padre... ahora quiere que la autoridad existente de Jesús (7:29; 8:9) sea ejercida universalmente".[64]

La Redención Cultural

La salvación está designada para el "mundo como un sistema" (*kosmos*) involucrando a hombres en sus relaciones culturales (*ethnos*). Obviamente, entonces, debería causar que sus efectos sean plasmados en cada aspecto de la vida y cultura, no solo en el ámbito personal interno.[65] De hecho, la Comisión de Cristo reclama solo eso en dos frases importantes.

(1) Cuando Cristo reclama a "toda autoridad", Él está especificando la exhaustividad de su autoridad. Cristo aquí

---

[63] A. T. Robertson, *Word Pictures in the New Testament* (Nashville: Broadman, 1930), 1:244-245.

[64] Chamblin, *Matthew*, p. 760.

[65] Gary North, *"Comprehensive Redemption: A Theology for Social Action" (1981)*, en North, *Is the World Running Down? Crisis in the Christian Worldview* (Tyler, Texas: *Institute for Christian Economics, 1988*), Apéndice C.

reclama "cada forma de autoridad (y) mando de todos los medios necesarios para el avance del reino de Dios".[66] O para ponerlo en otra forma, Él reclama "autoridad ilimitada en cada área".[67] Ninguna forma de autoridad escapa de su concesión soberana.

(2) Cuando Él añade "*en el cielo y en la tierra*", Él está especificando el ámbito donde ejercita su autoridad. Está clamando que su autoridad es igualmente intensa en la tierra; o sea, la autoridad que tiene en el cielo sobre los asuntos de sus residentes redimidos y los ángeles celestiales, la tiene en los asuntos de la tierra sobre los hombres. A Cristo se le dio "*toda autoridad en el cielo*... así que Él puede hacer uso de todos los recursos en el cielo [y] *toda la autoridad en la tierra*... así que Él puede llamar cada institución, poder y persona en la tierra a cuentas".[68]

Realmente Cristo está reclamando su ilimitada autoridad sobre *todo* ámbito. No está reclamándola solamente sobre los ámbitos limitados de la vida interna personal, o sobre unos pocos ámbitos selectos, como la familia, o la Iglesia. Esto se hace muy claro en varias expresiones aplicadas a Él luego en el Nuevo Testamento. Filipenses 2:9-11 contiene fuertes afirmaciones a este respecto:

---

[66] A. B. Bruce, "Matthew", en W. Robertson Nicoll, ed., *Englishman's Greek Testament* (Grand Rapids: Wm. B. Eerdmans, rep. 1980 [n. d.]), 1:339. Vea también: Hendriksen, *Matthew*, p. 998.

[67] Cleon Rogers, "*The Great Commission*" en *Bibliotheca Sacra* 130 (Julio-Setiembre, 1973), 265.

[68] James Morison, *Commentary on the Gospel According to Matthew* (London: Hamilton, Adams, 1870), p. 679.

Por lo tanto, Dios *altamente lo exaltó*,[69] y le confirió el nombre que está *sobre todo nombre*, para que en el nombre de Jesús *cada* rodilla se doble, de aquellos en el cielo y *en la tierra* y que *cada* lengua confiese que Jesucristo es el *Señor* para la gloria de Dios el Padre. (Énfasis añadido)

Eso se corresponde bien con lo que está escrito en Efesios 1:20-22:

Él lo resucitó de la muerte, y lo sentó *a su diestra* en los lugares celestiales, *sobre todo principado, autoridad, poder y señorío y sobre todo nombre que se nombra,* no solo en este siglo, sino también en el venidero; y *sometió todas las cosas* bajo sus pies y lo dio *por cabeza sobre todas las cosas* a la Iglesia. (Énfasis añadido)

Estos pasajes son complementados por otros versos,[70] tanto como la declaración del Apocalipsis de que Él es "Él Rey de reyes y Señor de señores".[71]

Con respecto al área civil-política de la cultura del hombre, la cual es quizá el aspecto más pegajoso de la pregunta, esto explica por qué los reyes son obligados a gobernar por Él,[72] bajo

---

[69] "En el presente pasaje se usa un verbo que en el Nuevo Testamento se usa solo en *esta* instancia y es aplicado aquí solo a *Él*, a saber, el gran "*súper* exaltado"". William Hendriksen, *Philippians* (*New Testament Commentary*) (Grand Rapids: Baker, 1962), p. 113. Compare Hechos 2:33; 5:31; Hebreos 7:26; Efesios 4:!0.

[70] Por ejemplo: Colosenses 2:10; Romanos 14:9, 12; 1 Corintios 15:27; Hebreos 1:4 y 1 Pedro 3:22.

[71] Apocalipsis 17:14; 19:16.

[72] 2 Crónicas 20:6; Proverbios 8:15; Lucas 18:8.

Él[73] y como sus "ministros" a promover su Ley,[74] de acuerdo con el glorioso Evangelio del Dios bendito.[75] La autoridad política terrenal que Satanás reclama arrogantemente, y por la cual ofreció a Cristo[76] fue ganada con justicia por la labor redentora de Cristo.

"Toda su autoridad" sobre "todas las naciones" demanda que practiquemos los derechos de su corona sobre todos los hombres y todas sus instituciones, culturas, sociedades y naciones. La salvación de multitudes de individuos, debe eventualmente llevar a una cristianización cultural bajo el gobierno de Cristo, por su gloria y su providencia, en conformidad con el propósito de creación de Cristo. Este orden de mundo fue diseñado para tener al hombre sobre ella, para la gloria de Dios.[77] Esta es la razón por la que al puro principio de la historia humana el hombre no caído era una criatura cultural.[78]

La salvación forjada por la implementación de la Gran Comisión no solo involucra una entrada estática en el Libro de la Vida del Cordero; sino que involucra también un cambio transformador de vida dentro del centro del ser humano.[79] O sea,

---

[73] Salmo 2:10-12; Salmo 47:2, 7, 8; 72:8-11; 148:11; Daniel 4:1, 25-27, 37; 6:25; Hechos 17:7; Apocalipsis 1:5.

[74] Romanos 13:4, 6. Otros títulos religiosos son aplicados a gobernantes civiles, como "sirviente" o "ungido". Vea Isaías 44:28; 45:1; Jeremías 25:9; 27:6; 43:10.

[75] Romanos 13:4-9; 1 Timoteo 1:8-11.

[76] Mateo 4:8-9; Lucas 4:5, 6.

[77] Génesis 1:26-28; 9:2; Job 35:11; Salmo 8; 115:16; Hebreos 2:6-8.

[78] Vea la discusión anterior en el Capítulo 1.

[79] Es importante reconocer que el recientemente renovado debate llamado la Controversia del Señorío indica de nuevo que algunos evangélicos tampoco entienden propiamente la naturaleza de la escatología (la manifestación exterior de la redención cósmica) ni la naturaleza de la soteriología (la manifestación exterior de la redención personal). La visión

no es solo algo que se *pone* en el *libro del récord* del cielo para cambiar el *estatus* de los hombres (justificación legal basada en la obra terminada de Cristo).[80] Ciertamente involucra eso; pero hay más. Involucra algo *efectuado* en cada hombre para cambiar su *carácter* (santificación espiritual, generada por el trabajo continuo del Espíritu Santo).[81]

La obra salvadora de Cristo soberanamente abruma al hombre y efectúa en él un "nuevo nacimiento",[82] de este modo, hace al creyente una "nueva criatura"[83] o "nuevo hombre",[84] y crea en él un nuevo carácter[85], con el cual él ha resucitado y revivido de la muerte espiritual.[86] Esto le trae "todas las bendiciones espirituales",[87] y lo pone bajo el poder de la

---

anti-señorío defendida por ciertos evangélicos, como Charles Ryrie y Zane Hodges, no toman en cuenta adecuadamente el genuino cambio del Espíritu Santo forjado en el corazón del pecador en el momento del nuevo nacimiento. Vea Charles C. Ryrie, *So Great Salvation* (Wheaton, IL: Victor, 1990) y Zane C. Hodges, *Absolutely Free!* (Grand Rapids: Zondervan, 1989). Para un entendimiento más bíblico vea: Kenneth L. Gentry, Jr., "The Great Option: A Study of the Lordship Controversy" en *Baptist Reformation Review*, 5:1 (Spring, 1976) 49-79; John F. MacArthur, Jr., *The Gospel According to Jesus* (Grand Rapids: Zondervan, 1988); y John Murray, *The Epistle to the Romans* (*New International Commentary on the New Testament*) (Grand Rapids: Wm. B. Eerdmans, 1959 [rep. 1968]), pp. 211-238.

[80] Romanos 4:25; 5:1, 9; 1 Corintios 6:11; Gálatas 2:16; 3:24; Tito 3:7.

[81] Romanos 6:3-14; 8:10, 14; Efesios 2:10; Filipenses 1:6; 2:13; 1 Tesalonicenses 5:23-24; 2 Tesalonicenses 2:13; Tito 3:5; 1 Pedro 1:2.

[82] Juan 1:13; 3:3; 1 Corintios 4:15; Tito 3:5; Santiago 1:18; 1 Pedro 1:3, 23; 1 Juan 2:29.

[83] 2 Corintios 5:17; Gálatas 6:15; Efesios 2:10.

[84] Efesios 4:22-24; Colosenses 3:9-10.

[85] Jeremías 31:33; Ezequiel 11:19; 36:26; Romanos 7:6; 2 Corintios 3:3; Hebreos 8:10; 10:16.

[86] Juan 3:36; 5:21; 24; 6:67; Romanos 6:4-9; Efesios 2:1; 5; Colosenses 2:12, 13; 3:1; 1 Juan 5:11.

[87] Romanos 8:32; 1 Corintios 3:21; Efesios 1:3; 2 Pedro 1:3.

gracia,[88] asegura la morada del Espíritu Santo[89] y de Cristo,[90] lo cual imparte el poder de Dios dentro,[91] y asegura la intercesión de Cristo en su nombre.[92]

Todo esto *debe* llevar a confrontación con la cultura alterada no cristiana, por lo que Pablo manda: "Ocupaos en vuestra salvación con temor y temblor, porque Dios es el que en vosotros produce así el querer como el hacer por su buena voluntad" (Filipenses 2:12-13). Pablo no está diciendo que debemos "trabajar *por* nuestra salvación" (¡como si los culpables pecadores pudieran merecer el favor de Dios!), pero que la salvación que poseemos debe ser "trabajada" en cada área de nuestras vidas. En resumen, debemos trabajar la salvación que ahora es nuestra. En consecuencia, somos impulsados por obligación divina y deber salvífico para "exponer las obras de la oscuridad" (Efesios 5:11) al ser "la sal de la tierra" y "la luz del mundo" (Mateo 5:13, 14). La salvación, entonces, ejercita una influencia gradualista, dinámica y transformadora en la vida del individuo convertido a Cristo. Esta es una *santificación progresiva*. Pero este proceso no está limitado a un hipotético, exclusivamente personal ámbito de ética. Al dispersarse la salvación a otros, esto también establece un *reino* motivado, enérgico de los fieles, quienes son organizados para operar como "una nación que produce el fruto" del reino.[93]

Así que, en 2 Corintios 10:4-5 leemos:

---

[88] Romanos 6:14; 7:5, 6; Efesios 1:19; 1 Juan 5:18.

[89] Romanos 8:9-11; 1 Corintios 3:16; 6:19; 2 Corintios 6:16; Gálatas 4:6; Efesios 2:22; 2 Timoteo 1:14; 1 Juan 4:13.

[90] Romanos 8:10; Gálatas 2:20; Filipenses 1:19.

[91] 1 Corintios 12:6; Efesios 1:19; Filipenses 2:12-13; Tito 3:5; 1 Juan 5:4-5.

[92] Romanos 8:34; Hebreos 7:25; 9:24; 1 Juan 2:1.

[93] Mateo 21:43; compare 1 Pedro 2:9; Apocalipsis 1:6.

> Porque las armas de nuestra milicia no son carnales, sino poderosas en Dios para la destrucción de fortalezas, derribando argumentos y toda altivez que se levanta contra el conocimiento de Dios, y llevando cautivo todo pensamiento a la obediencia de Cristo.

El que clama "toda autoridad en el cielo y en la tierra" y a quien se le ha dado "un nombre sobre todo nombre" es Él quien nos ha comisionado destruir "*cada* cosa elevada que se levanta contra del conocimiento de Dios" y llevar "*cada* pensamiento cautivo a la obediencia de Cristo" — no solo unos pensamientos o solo pensamientos interpersonales. Esto se debe hacer imperceptiblemente desde adentro,[94] no por una revolución armada desde afuera,[95] como "resolvemos las cosas" hasta que Él venga (Lucas 19:13).

Hay otro ángulo desde el cual podemos esperar el efecto de transformación de la redención: el ángulo negativo, *la corrección del pecado*, así como está puesto poéticamente en un lindo himno de Navidad: "Gozo al Mundo":

> No dejes que los pecados y los dolores crezcan.
> No espinas infestan el suelo;
> Él viene a hacer sus bendiciones fluir
> Lejos de donde se encuentra la maldición.

---

[94] Mateo 13:34; Lucas 17:21. "La necesidad primaria, hoy como siempre, es la necesidad de un arrepentimiento personal ante Dios. Por lo tanto, nosotros necesitamos un reavivamiento cristiano iniciado por el Espíritu Santo para extender el reino de Dios a través de la faz de la tierra", North, *Political Polytheism*, p. 611 (vea también pp. 133, 157, 585-6).

[95] Zacarías 4:6; Mateo 26:51-52; Juan 18:36-37; 2 Corintios 10:4-5.

La salvación que Cristo trae es salvación *del pecado*. Su redención es designada para que fluya "lejos de donde se encuentra la maldición". El ángel que se le apareció a José le enseñó: "Y llamarás su nombre Jesús, porque Él salvará a su pueblo de sus pecados" (Mateo 1:21b). Ahora, entonces, ¿qué tan lejos se encuentra la maldición del pecado? ¿Cuán amplio es el pecado? *¡La maldición del pecado se encuentra por todo lado a través del mundo! ¡Este permea y distorsiona cada área de la vida del hombre!* Por esta razón la Comisión de Cristo para su Iglesia, como se encuentra en Lucas 24:47 (y se implica en Mateo 28:19-20), dice: "Como está escrito, que Cristo debía sufrir y debía levantarse de nuevo de la muerte al tercer día; y que ese arrepentimiento por el perdón de los pecados debía ser proclamado en su nombre a todas las naciones, empezando desde Jerusalén". De nuevo, somos confrontados con la salvación — aquí por medio del arrepentimiento de pecados — para "todas las naciones".

Si el hombre está totalmente depravado,[96] entonces esa depravación se extiende y cuenta por la corrupción penetrante de todas las actividades culturales del hombre. En vez del "toque de Midas", el hombre caído tiene el "toque de Menos". El toque del pecador reduce la calidad, el valor y la efectividad de todo lo que hace, comparado con todo lo que haría si no tuviera pecado. Verdaderamente la salvación del pecado involucra salvación de todas las implicaciones del pecado, incluyendo pecados

---

[96] "Depravación total" indica que el hombre está contagiado del pecado en cada aspecto de su ser; incluyendo su voluntad, emociones, intelecto, fuerza, etc. Vea: Génesis 6:5; 8:21; Eclesiastés 9:3; Jeremías 17:9; Marcos 7:21-23; Juan 3:19; Romanos 8:7; 8; 1 Corintios 2:14; Efesios 4:17-19; 5:8; Tito 3:5. El hombre está "muerto en sus delitos y pecado"; no está enfermo (Efesios 2:1; 5; compare Juan 5:24; Romanos 6:13; Colosenses 2:13).

institucionales, culturales, sociales y políticos y así como verdaderamente el cristiano debería confrontar con autoridad la conducta pecaminosa y trabajar por el reemplazo con la alternativa justa.

Increíblemente, un autor evangélico muy fructífero, ha incluso criticado a Juan el Bautista por su predicación contra el pecado de la autoridad política en su ámbito, el Rey Herodes Antipas.

> Juan el Bautista reprendió a Herodes Antipas por tomar la esposa de su medio hermano Felipe…. ¿Podría ser que Juan, quien estuvo prisionero y luego fue decapitado por Herodes por esta reprensión, pudiera haber interrumpido sin necesidad su ministerio a Israel al dirigir sus comentarios al blanco equivocado?[97]

¡Este erróneo argumento lógicamente llevaría a reprender a Cristo mismo por llamar al mismo Herodes una "zorra" (Lucas 13:32)! ¿Podría ser que Jesús "sin necesidad cortara su ministerio a Israel al dirigir sus comentarios al blanco equivocado?" ¡Definitivamente no!

Conclusión

Hemos visto que la Gran Comisión dirige a los cristianos a buscar la promoción del gobierno soberano de Dios sobre los hombres a través de la salvación. De fijo, esta dirige nuestro trabajo a la redención no solo de individuos sino a la vida entera

---

[97] Hunt, *Whatever Happened to Heaven?*, p. 82.

de ellos, la cual genera su cultura. Cristo evitó usar términos a los que pudieran fácilmente dárseles un significado menor, cuando Él les mandó a sus seguidores "discipular todas las *naciones*" y Él aseguró que entenderíamos la Gran Comisión al subyacerla con la realidad redentora de su posesión de toda autoridad en el cielo y en la tierra". (Regresaremos a este tema para enfatizar el prospecto de su victoria en el capítulo siete, donde consideraré la Sucesión Pactual).

Herschell Hobbs ha preservado un comentario muy sabio, muy apropiado para nuestro estudio: "Al Dr. Gaines S. Dobbins alguien le preguntó '¿Pero no es la conversión el final de la salvación?' Él respondió: 'Sí, pero ¿cuál final?'"[98] Esa es la pregunta ante nosotros.

---

[98] Herschell H. Hobbs, *An Exposition of the Gospel of Matthew* (Grand Rapids: Baker Book House, 1965), p. 421.

III. Ética del Pacto

5

LOS TÉRMINOS DE LA SOBERANÍA

"Haced discípulos a todas las naciones… enseñándoles que guarden todas las cosas que os he mandado" (Mateo 28:19a, 20a).

El tercer rasgo del pacto al que pasamos ahora es la *ética*. En la sección de la ética de un pacto se establece un *patrón de vida*, los estándares de conducta esperados bajo el Soberano Hacedor del pacto. Es vitalmente importante darse cuenta de que el "principio es que esa ley está en el corazón del pacto de Dios. La idea primaria es que Dios quiere que su pueblo vea una relación *ética* entre causa y efecto: sé fiel y prospera".[1] Esto es verdad de la Gran Comisión, en que es una transacción de pacto.

---

[1] Ray R. Sutton, *That you May Prosper: Dominion By Covenant* (Tyler, TX: Institute foe Christian Economics, 1987), p. 17.

Cristo actúa como el Gran Profeta[2] al declarar con autoridad la voluntad de Dios.

Discipulado en Vida

En la propia Gran Comisión encontramos en el griego original tres gerundios: "yendo", "bautizando" y "enseñando". El mandato principal verbal, que conecta estos tres gerundios en su órbita, es la directiva a "discipular": "" Id por lo tanto y *haced discípulos* a todas las naciones". ¿Qué significa "hacer discípulos"? Y ¿cómo involucra la ética? A la luz de alguna confusión de todo el tema, estas son importantes y relevantes preguntas.

Algunos evangélicos inadvertidamente diluyen la exhortación aquí. Por ejemplo, Charles Lee Feinberg escribe que "Nada podría ser más claro en el Nuevo Testamento que en esta edad de gracia Dios usa a la Iglesia, miembros del cuerpo de Cristo, para ser testigos a través de la tierra (Mateo 28:18-20; Hechos 1:8)".[3]

En un libro escrito por Wayne House y Thomas Ice, allí aparece una afirmación interesante a este respecto. En el párrafo que sigue inmediatamente una referencia a la Gran Comisión de Mateo 28, encontramos lo siguiente: "Primero está la palabra 'discípulos' (Mateo 28:19)". Luego unas pocas oraciones después ellos escriben: "La palabra griega *mathetes* [discípulo]

---

[2] Deuteronomio 18:18; Juan 6:14; compare con Mateo 13:57; 21:11; Lucas 24:19; Juan 1:25, 45; Hechos 3:20-25.

[3] Charles Lee Feinberg, "The Jew After the Rapture" en Feinberg, ed., *Prophecy and the Seventies* (Chicago: Moody Press, 1971), p. 182.

simplemente significa 'aprendiz' o 'pupilo', y es uno de los términos generales usados para describir a un creyente en Cristo…. Un discípulo es cualquiera que sea creyente, quien está aprendiendo la Palabra de Dios y está creciendo".[4] ¿Qué somos nosotros para hacer tales afirmaciones? ¿Son ellas sumatorias precisas del mandato de discipular de la Gran Comisión? De hecho, las afirmaciones citadas son defectuosas y deficientes en la misma superficie y como tales son ilustrativas de una mala interpretación muy difundida de la tarea más noble comisionada a la Iglesia.

Feinberg erróneamente cita a Mateo 28:18-20 como un ejemplo del cual "nada podría ser más claro", que los cristianos deben "ser *testigos* a través de la tierra. Como veremos, "nada podría ser más claro" que Feinberg *malinterpreta* el mandato de Cristo de "hacer discípulos" al decir que ellos deberían ser simplemente "testigos".

A House y a Ice tampoco les va mejor. Aunque su propio contexto es claro en que ellos están lidiando con Mateo 28:19, ellos hablan como si el mandato usara el *sustantivo* "discípulo" en lugar del *verbo* "hacer discípulos". Ellos terminan con un entendimiento indescriptible de un "discípulo": Él es cualquiera que sea un "creyente" que está "creciendo". ¿Creciendo en qué? ¿En el entendimiento de regeneración? De hecho, este entendimiento deficiente está en realidad expuesto como la implicación por algunos. El pastor fundamentalista de la mega iglesia Jack Hyles[5] ha escrito de la Gran Comisión: "Note los

---

[4] H. Wayne House y Thomas D. Ice, *Dominion Theology: Blessing or Curse?* (Portland, OR: Multnomah, 1988), p. 153.

[5] Hyles Pastores, la más grande iglesia en Estados Unidos de acuerdo con Lyle E. Schaller, "Megachurch!", *Christianity Today*, 5 de marzo, 19990, p. 22. Aunque hay una pregunta como la precisión de las figuras de asistencia

cuatro verbos básicos: (1) *Id.* (2) *Predicad.* (3) *Bautizad.* (4) *Enseñándoles* de nuevo. Enséñenles algo después de que los hacen salvos y los bauticen. ¿Qué les enseñan? A... 'poner atención a todas las cosas que les he mandado'.... Ahora ¿qué nos manda Él hacer a nosotros? Ir, predicar, bautizar, luego enseñar lo que Él nos mandó hacer. Entonces, les enseñamos a ir, predicar, bautizar, para que puedan enseñar a sus convertidos a ir, predicar y bautizar".[6]

¿O es el trabajo de discipulado de la Gran Comisión mucho más que solo ayudar a la gente a "crecer"? ¿No sería el entendimiento de que las implicaciones de la nueva vida de salvación vinculan el entrenamiento en la aplicación de la Palabra de Dios a *todo* en la vida, en la que Cristo clamó autoridad "en el cielo y en la tierra" y fue dirigida a "todas las naciones"?

La misión de la Iglesia es mucho más que ser un testigo, aunque ciertamente la Iglesia debe ser por lo menos eso (Hechos 1:8). Como Boettner afirma: "A los discípulos no se les mandó que simplemente predicaran, si no que *hicieran discípulos a todas las naciones*".[7] Si la Gran Comisión hubiera expuesto simplemente la misión de "predicar", el Señor hubiera usado el verbo griego *kerusso* (como en Marcos 16:15). Si hubiera Él querido decirle a su pueblo que solo debía ser un "testigo", Él hubiera usado el sustantivo *maturia* (como en Hechos 1:8), pero

---

citadas por Hyles. Vea: Carta al editor, de Vernon J. Norman, *Christianity Today*, 14 de mayo, 1990, p. 10.

[6] Jack Hyles, *Let's Go Soul Winning* (Murfreesboro, TN: Sword of the Lord, 1962), p. 22. John R. Rice está de acuerdo en su *Why Our Churches Do Not Win Souls* (Murfreesboro: Sword of the Lord, 1962), p. 22.

[7] Loraine Boettner, *The Millennium* (Nutley, NJ: Presbyterian and Reformed, 1957), p. 15.

Él tampoco lo usa en Mateo 28:19 y el hecho de que no lo use es terriblemente significativo.

D. A. Carson correctamente nota que *"matheteuo* ('yo discipulo') conlleva tanto la predicación como la respuesta".[8] La proclamación de verdad está ahí necesariamente, por supuesto, pero la idea de discipular involucra *la proclamación de verdad con una visión de la verdad que logre la respuesta apropiada en el discípulo.* De hecho: "Discipular a una persona para Cristo es llevarla a una relación de pupilo a un maestro [soberanía], 'tomando su yugo' de instrucción autoritaria (11:29) [jerarquía], aceptando lo que Él dice como verdadero porque Él lo dice y sometiéndose a sus requisitos como verdaderos [ética] porque Él los hace".[9]

El discipulado involucra llevar a la gente de una rebelión pecaminosa contra Dios a un compromiso fiel con Cristo[10] y a entrenarla en el ejercicio de ese compromiso de fe en todos los aspectos de la vida,[11] no solo un "crecimiento" no descrito.

William Hendriksen con perspicacia observa: "El término 'hacer discípulos' pone de alguna manera más énfasis en el hecho de que la mente, así como el corazón y la voluntad, deben ser ganados por Dios".[12] O sea, está designado a ganar la *obediencia en todo aspecto de la vida* del discípulo, es para promover vida ética del pacto, pero ¿cómo ganará la Iglesia el

---

[8] D. A. Carson, "Matthew", en Frank E. Gaebelein, *The Expositor's Bible Commentary* (Grand Rapids: Regency Reference Library, 1984), 8:597.

[9] John A. Broadus, *Commentary on the Gospel of Matthew* en Alvar Hovey, ed., *An American Commentary* (Valley Forge: Judson Press, 1886 [rep.]), p. 593. Las palabras en paréntesis son mías, KLG.

[10] Hechos 21:21; 26:18.

[11] Hechos 20:27; Colosenses 3:17; 2 Corintios 10:31; Hebreos 5:11-14.

[12] William Hendriksen, *Matthew (New Testament Commentary)* (Grand Rapids: Baker, 1973), p. 999.

corazón para Dios? ¿Cómo puede la voluntad del hombre volverse para seguir la voluntad de Dios? y debido a que el *ministerio* de la Iglesia es promover la alabanza de Dios en todo de la vida, ¿dónde deberá encontrarse la voluntad de Dios para todo lo vivo? ¿En contemplación mística? ¿Profecía carismática? ¿Lógica humana? ¿Sentimientos tibios? ¿Consideraciones pragmáticas?

Para el cristiano ortodoxo, la respuesta debería ser obvia: Nosotros determinamos la voluntad de Dios a través del estudio bendecido de la Palabra de Dios, la Biblia.[13] Como el Señor dice: "Id por lo tanto y haced discípulos a todas las naciones... *enseñándoles* a observar todo lo que les he mandado" (Mateo 28:18-19).

Instrucción en la Palabra

La fe cristiana es una "religión del libro". Toda la Biblia es, en efecto, un documento de pacto. El cristiano ortodoxo sostiene que la Biblia es "inspirada por Dios y útil para enseñar, para reprender, para corregir, para instruir en justicia; a fin de que el hombre de Dios sea perfecto, enteramente preparado para toda buena obra (2 Timoteo 3:16-17). Él está confiado en que "ninguna profecía fue dada por voluntad humana, sino que los santos hombres de Dios hablaron siendo inspirados por el

---

[13] Mateo 4:4; Juan 17:17; 2 Timoteo 3:15-17; 1 Pedro 2:2; Hebreos 4:12. Vea: John Murray, "The Guidance of the Holy Spirit" en *Collected Writings of John Murray*. Volumen 1: *The Claims of Truth* (Edinburgh: Banner of Truth, 1976), pp. 186-189. Garry Friesen, *Decision Making and the Will of God: A Biblical Alternative to the Traditional View* (Portland, OR: Multnomah, 1980).

Espíritu Santo" (2 Pedro 1:21). Así que él descansa seguro en que "así dice el Señor" de las Escrituras porque los profetas y apóstoles "hablamos no con palabras enseñadas por sabiduría humana, sino con las que enseña el Espíritu (1 Corintios 2:13a). El cristiano acepta la palabra apostólica "no como la palabra de los hombres, sino según lo que es en verdad, la Palabra de Dios, la cual actúa en nosotros los creyentes" (1 Tesalonicenses 2:13). Por lo tanto, él se pone de pie con Cristo y Moisés en la afirmación de que "no solo de pan vivirá el hombre sino de toda palabra que sale de la boca de Dios" (Mateo 4:4; compare con Deuteronomio 8:3), porque las palabras de Dios son "palabras de vida".[14] En consecuencia, el cristiano ortodoxo sostiene la autoridad absoluta, la infalibilidad y la inerrancia de la Escritura. Él cree que la Gran Comisión invoca "toda autoridad en el cielo y en la tierra", lo cual conlleva "autoridad ilimitada en cada área" de vida.[15]

La Palabra de Dios es de importancia fundamental para el cristiano temeroso de Dios. La palabra *hablada* no solo trajo a existencia toda la realidad,[16] sino que poderosamente sostiene el universo[17] y cumple su voluntad en la historia.[18] El significado de la Palabra de Dios es tal que su Hijo, Jesucristo el Señor, es llamado "la Palabra",[19] en ella Él le revela el Dios invisible al hombre.[20] Su Palabra *escrita* posee la misma autoridad para la

---

[14] Juan 6:68; Hechos 5:20; Filipenses 2:16.

[15] Cleon Rogers, "The Great Commission", *Bibliotheca Sacra* 130-519 (Julio-Setiembre, 1973), 265.

[16] Génesis 1; Salmo 33:6; 2 Corintios 4:6; Hebreos 11:1.

[17] Isaías 40:26-28; Hebreos 1:3; Nehemías 9:6; Hechos 17:28; 2 Pedro 3:5, 7.

[18] Isaías 55:11; Efesios 1:11; Apocalipsis 19:15, 21.

[19] Juan 1:1; 14; 1 Juan 1:1; Apocalipsis 19:13.

[20] Mateo 11:27; Lucas 10:22; Juan 1:18; 6:46; 14:9; 17:6; 1 Juan 5:20.

vida, como su Palabra dicha ejercitó el poder creador en el universo.

Aquí en la Gran Comisión la Palabra de Dios se promueve, cuando Cristo instruye a sus seguidores: "enseñándoles a guardar todas las cosas que os he mandado". ¿Pero qué cubre todo esto? Ciertamente cubre por lo menos todas las cosas que Él enseñó expresamente — y entonces involucra mucho más que "ir, predicar, bautizar", como Jack Hyles, John R. Rice y otros enseñan. Esto debería ser evidente incluso en la superficie, ya que Él los insta a enseñar "todas las cosas (griego: *panta*) que yo les haya enseñado". Debido a que Él es Dios,[21] su voz es de autoridad.[22] Por lo tanto, todas sus palabras que están escritas para nosotros en la Escritura vienen con autoridad de mando.[23]

Se ha comentado que "el hecho de que Jesús haya dado mandamientos (*enteilamen*) indica su autoridad para emitir regulaciones vinculantes y duraderas..."[24] Estas regulaciones "enlazan" y "regulan" la conducta cristiana en todo el mundo de Dios. De hecho, el mandato es que les "enseñemos a observar todo lo que les he mandado". Así que, aquí "Jesús nos enlaza a todo lo que nos ha enlazado y no simplemente a uno o a dos rasgos",[25] como muy a menudo es la posición de muchos cristianos. Muchísimos cristianos delimitan el mandato

---

[21] Juan 1:1; 14:9; 20:28.

[22] Mateo 7:29; Marcos 1:22; 27; Lucas 4:36, 32.

[23] Se debería notar que no *todas* las palabras de Cristo están puestas en las Escrituras, Juan 21:25. Para ver una discusión de la pregunta de su potencial descubrimiento e inclusión en el canon, vea: Kenneth L. Gentry, Jr., *The Charismatic Gift of Prophecy: A Reformed Response to Wayne Grudem* (segunda edición: Memphis, TN: Footstool Publications, 1989), capítulo 10, "The Problem of the 'Open Canon'".

[24] Rogers, "Great Commision", p. 265.

[25] Lenski, *Matthew*, p. 1179.

específicamente solo a la empresa evangelística o a algunos otros aspectos individuales y personales del deber cristiano.

La Fuente de Instrucción

Esta obligación de enseñar "todas las cosas mandadas" se extiende incluso más allá de sus palabras expresas. *Primero*, a pesar de que algunos limitarían el alcance de este mandamiento,[26] se debería observar que este mandamiento incluiría todas las enseñanzas en la Escritura que eran *previas* a su ministerio terrenal.[27] Cristo tuvo el cuidado en su ministerio de sostener la integridad y relevancia de la Palabra de Dios en el Antiguo Testamento. Note que: (1) Él vino para poder vivir en términos de la Ley de Dios,[28] la cual el hombre había quebrado.[29] (2) Él enseñó la unidad fundamental de ambos testamentos (Juan 10:35), con el Viejo Testamento formando la base de su enseñanza.[30] (3) Él guardó la Ley en su vida diaria.[31] (4) Él les mandó a sus seguidores que guardaran la Ley.[32] (5) Él incluso sostuvo su validez civil (Mateo 15:3-6[33]). (6) Él definió el amor

---

[26] D. A. Carson, "Matthew", en Frank E. Gaebelein, *The Expositor's Bible Commentary* (Grand Rapids: Regency Reference Library, 1984), 8:598: "El enfoque está en los mandamientos de Jesús, no en la ley del Viejo Testamento".

[27] Greg L. Bahnsen, *By This Standard: The Authority of God's Law Today* (Tyler, TX: Institute for Christian Economics, 1985).

[28] Salmo 40:7; Hebreos 10:5.

[29] Romanos 3:19; Gálatas 3:13; 4:4-5; 1 Juan 3:4.

[30] E.g., Mateo 10:4; Juan 8:17.

[31] Mateo 3:15; 4:4; Juan 8:46.

[32] Mateo 5:17-20; 19:16-26; Lucas 16:17; Juan 14:15, 21; 15:10.

[33] El caso de la "mujer encontrada en adulterio" (Juan 8:1-11) más que ser una evidencia de su instancia de los sitios además de los requisitos de la

de Dios en términos de la Ley,[34] como lo hicieron los apóstoles.[35]

Es importante recordar que los mismos apóstoles siguieron al Maestro al depender de la integridad ética y la relevancia de la Ley de Dios como confirmación para su instrucción.[36] Deberíamos también notar que el verdadero evangelismo, por la mismísima naturaleza del caso, necesita la predicación de la Ley. El verdadero encuentro evangelístico debe lidiar con la pregunta del pecado y el pecado es definido en términos de la Ley de Dios.[37] De hecho, el Día del Juicio de Dios los hombres serán juzgados en términos de solo las justas demandas de la Ley.[38]

Segundo, su mandamiento incluyó la futura enseñanza de los apóstoles. Antes de que Él dejara este mundo, dejó la promesa de qué Él dirigiría la revelación que vendría por medio del

---

Ley, muestra su preocupación por su cuidado meticuloso (como podría esperarse de Mateo 5:17-19). La Ley mandaba pena de muerte por adulterio (Levítico 20:10). Cristo no anuló la Ley aquí. Note que no dice: "No la apedreen", más bien Él pidió el mantenimiento de las protecciones necesarias en juicios de pena de muerte, cuando dijo: "Aquel entre ustedes que esté libre de pecado que lance la primera piedra" (v. 7). La ley de Dios requiere que los testigos en casos capitales sean inocentes de ese crimen o pecado particular (Deuteronomio 19:15) y que los testigos sean los primeros en empezar el castigo (Deuteronomio 17:7). Todos los "testigos" contra la mujer se fueron al oír esto (Juan 8:9), aunque supuestamente la agarraron "en el mismísimo acto" (pero ¿dónde está el hombre?).

[34] Mateo 7:12; 22:36-40.

[35] Romanos 13:9-10; Gálatas 5:14; Santiago 2:8.

[36] 1 Timoteo 5:17 (compare Deuteronomio 25:4); 2 Corintios 6:14 (compare Deuteronomio 22:10); Hechos 23:1-5 (compare Éxodo 22:28; Levítico 19:15). Vea también Gálatas 5:14; 1 Corintios 7:19; 14:34; 1 Juan 2:3, 5:3.

[37] Romanos 3:20; 7:7, 13; Santiago 2:9-11; 1 Juan 3:4.

[38] Mateo 7:23; 13:41; Lucas 13:27; Romanos 2:12-15; 3:19.

Espíritu Santo.[39] Cristo es el que concede el Espíritu.[40] A sus apóstoles se les dio su Espíritu para guiarlos en la producción de la Escritura.[41]

A la luz de esto, parecería que al urgir la enseñanza de "todas las cosas que Él mandó" la Gran Comisión urge que promovamos "el consejo completo de Dios" (Hechos 20:27) y el consejo completo de Dios se encuentra en la enseñanza de Moisés y los profetas (registro del Viejo Testamento), en la enseñanza de Cristo (el registro del Evangelio) y en la enseñanza de sus apóstoles (el registro restante del Nuevo Testamento).[42]

El alcance de la instrucción

La absolutamente autoritativa Palabra de Dios/Cristo es el *plano* del creyente para vivir toda la vida en el mundo de Dios. En consecuencia, el verdadero discipulado y la alabanza, como lo mandó Cristo en la Gran Comisión, involucrarán promover una visión cristiana holística del mundo y de la vida.[43] La

---

[39] Juan 14:15-18, 26; 15:26-27; 16:5-15.

[40] Lucas 24:49; Hechos 2:32-33; Efesios 4:8.

[41] Confrontar 1 Corintios 2:13; 1 Tesalonicenses 1:5.

[42] No se encuentra en ninguna declaración profética carismática hoy día. La Iglesia está construida sobre una base establecida de verdad final traída por autoridad de los apóstoles y profetas, con Cristo como principal piedra angular (Efesios 2:20-21). Cristo guió a sus discípulos a la "verdad" (Juan 16:13). La Escritura completa, entonces, es todo lo que se necesita para "equipar a fondo" al creyente para "cada buena obra" (2 Timoteo 3:16-17). La fe ha sido "una vez dada a los santos" (Judas 3). Vea: Kenneth L. Gentry, Jr., *The Charismatic Gift of Prophecy: A Reformed Response to Wayne Grudem* (segunda edición: Memphis, TN: Footstool, 1989).

[43] Para dar un ejemplo ilustrativo de la aplicación de la Escritura a varias disciplinas académicas vea: Kenneth L. Gentry, Jr. *"The Greatness of the Great Commission"* en *Journal of Christian Reconstruction*, VII:2 (Winter,

Comisión de Cristo, entonces, involucra un compromiso radical y una promoción de toda la Escritura como "beneficiosa... para que el hombre de Dios pueda ser enteramente preparado para toda buena obra".[44]

Pablo, como el mejor misionero cristiano, nos provee un ejemplo importante en la aplicación de este aspecto de la Gran Comisión, cuando él escribe: "Porque, aunque andamos en la carne, no militamos según la carne, porque las armas de nuestra milicia no son carnales, sino poderosas en Dios para la destrucción de fortalezas. Nosotros estamos derribando especulaciones y *toda* altivez que se levanta contra el conocimiento de Dios, y llevando cautivo *todo* pensamiento a la obediencia de Cristo (2 Corintios 10:4-5, énfasis añadido).

En vez de conformarnos al mundo, Pablo nos impulsa a una transformación radical de la mente por medio de la renovación del entendimiento de la voluntad de Dios (Romanos 12:1,2). Él promovió una "exposición de las obras de la oscuridad" (Efesios 5:11), cada vez que se encuentran, en cada aspecto de la vida, porque el pensamiento y el actuar pagano es ceguera y vanidad.[45] El retó al mismísimo apuntalamiento de la cultura no cristiana, promoviendo que sean "destruidos" (no por la espada, sino por los instrumentos espirituales disponibles en la Palabra de Dios) y para ser reemplazados con la "obediencia cautiva" a

---

1981), 42-45; Gary North, ed., *Foundations of Christian Scholarship: Essays in the Van Til Perspective* (Vallecito, CA: Ross House, 1976); y el innovador, 10- volume *Biblical Blueprint Series*, editado por Gary North (Ft. Worth, TX: *Dominion Press*, 1986-87). Para ensayos sobre varios aspectos de la visión del mundo cristiano; vea también mi libro, *Light for the World: Studies in Reformed Theology* (*Alberta, Canada: Still Waters Revival Press*, próximo).

[44] 2 Timoteo 3:16-17; compare 2 Timoteo 2:21; Hebreos 13:21.

[45] Romanos 1:21; Efesios 4:17; Colosenses 2:18.

Cristo. Él firmemente creyó que solo en Cristo estaba "la verdad"[46] y el verdadero conocimiento y sabiduría.[47] Cristo enseñó que sus convertidos iban a seguirlo a Él (Juan 10:27) en una nueva senda (Mateo 7:13-14). Él clamó ser "el camino, la verdad y la vida" (Juan 14:6). Así que, los cristianos primitivos fueron inicialmente llamados un pueblo "del camino",[48] porque ellos seguían un nuevo modo de vida. También eran conocidos como "discípulos", porque fueron entrenados en la verdad y la aplicación "del camino".[49] Ellos no solo simplemente recibieron "testimonio" o escucharon "predicación". Ellos respondieron positivamente a ese testimonio y esa predicación; ellos fueron "discipulados" en una nueva fe, una nueva aproximación a todo en la vida.[50]

Resistencia a la Comisión

Sorpresivamente, ha habido varios evangélicos que han expresado recientemente consternación sobre el crecimiento en el número de cristianos que promueven la voluntad de Dios sobre *todos* los asuntos de los hombres, no solo sobre la vida

---

[46] Juan 14:6; compare Juan 17:17.

[47] Colosenses 2:3; 9; compare Proverbios 1:7; 9:10.

[48] Hechos 9:2; 19:9; 23; 24:14, 22.

[49] Hechos 1:15; 6:1, 2, 7; 9:1, 10, 19, 25, 26, 36, 38; 11:26, 29; 13:52; 14:20, 22, 28; 15:10; 16:1; 18:23, 27; 19:1, 9; 30; 20:1; 20:7, 30; 21:4, 16.

[50] Incluso los judíos estaban aprendiendo una "nueva" manera, porque ellos habían abandonado por mucho tiempo la Ley escrita de Dios en deferencia a los "dichos de los ancianos", e.g., Mateo 15:1. Vea: Gary North, *The Judeo-Christian Tradition* (Tyler, TX: *Institute for Christian Economics*, 1989), capítulos 6, 7, para hacer un análisis de la naturaleza antibíblica del Talmud judío.

interna espiritual de individuos y familias.[51] Estos escritores se alteran de que algunos cristianos busquen promover la fe cristiana en el mundo con una visión que en realidad prevalece entre ejercer dominio sobre los asuntos de los hombres. La impresión que dejan estos escritores es claramente que esta forma de pensar aboga por revolución política, convulsión social y el fomento de un Estado-Iglesia. Lo anterior es claramente erróneo.

El grito de guerra de los cristianos en cuestión no es en lo más mínimo el llamado a dominio a través de manipulación política y conquista militar. La promoción de *los derechos de la corona del rey Jesús*,[52] se puede decir, es por medio del llamado evangelístico de la Gran Comisión a discipular a las naciones. Claramente el medio del dominio de Cristo en el mundo es ejercitar, a través de su pueblo, una influencia espiritual, no es una influencia a través de la guerra carnal o agitación política.[53]

De hecho, se nos recuerda de nuevo que "El término 'hacer discípulos' pone de alguna manera más énfasis en el hecho de que esa mente, así como el corazón y la voluntad, deben ser

---

[51] David Wilkerson, *Set The Trumpet to Thy Mouth* (Lindale, TX: World Challenge, 1985); Jimmy Swaggert, "The *Coming Kingdom*", *The Evangelist (September*, 1986), pp. 4-12; House y Ice, *Dominion Theology*; Hal Lindsey, *The Road to Holocaust* (New York: Bantam, 1989).

[52] Hechos 17:7; Apocalipsis 1:5-6.

[53] "La base para construir una sociedad cristiana es el evangelismo y las misiones que guían a un reavivamiento cristiano extendido, para que la gran masa de los habitantes de la tierra se ponga bajo la protección de Dios, y luego voluntariamente use sus leyes pactuales para autogobernarse. La reconstrucción cristiana empieza con conversión personal a Cristo y con autogobernarse bajo la ley de Dios; luego se pasa a otros por reavivamiento, y solo luego trae cambios integrales en la ley civil, cuando la gran mayoría de votantes voluntariamente se ponen de acuerdo para vivir bajo los planos bíblicos". Gary North, *Political Polytheism: The Myth of Pluralism* (Tyler: TX: Institute for Christian Economics, 1989), pp. 585-586.

ganados por Dios".[54] La razón por la que el reino de Cristo "no es de este mundo", o sea, no recibe su poder o ejercita su influencia como reinos terrenales (Juan 18:36), es porque opera desde "adentro", en vez de desde afuera.[55] La autoridad de Cristo, debemos recordar, es "en el *cielo* y en la tierra"; viene *de arriba* y *trabaja adentro*.

El mandato de enseñar es un mandato para "enseñarles a *guardar* todo lo que les he mandado" (Mateo 28:20a). Debemos impulsar la promoción de la teoría *y* práctica cristiana. La base teórica en la Gran Comisión ("toda autoridad"), da lugar a los deberes prácticos ("id", "discipulad", "bautizad", "enseñad y observad"). De hecho, es importante notar el orden general de instrucción en las epístolas del Nuevo Testamento. Hay una tendencia común de tumbar bases doctrinales (teoría) primero, y luego erigir sobre aquellas bases verdaderas directrices éticas (práctica).[56] O sea, hay un llamado a "practicar lo que se predica".[57]

De nuevo se nos recuerda que la conversión a la fe cristiana involucra la toma de un nuevo estilo de vida.[58] Como lo dijimos antes, Cristo dice ser "el camino" de vida (Juan 14:6). Él nos

---

[54] William Hendriksen, *Matthew (New Testament Commentary)* (Grand Rapids: Baker, 1973), p. 999.

[55] Mateo 13:33; Lucas 17:21; 1 Corintios 4:20; 2 Corintios 10:4-5.

[56] Aunque esta no es una difícil y rápida regla con compartimientos herméticos, la tendencia general es especialmente evidente en los escritos de Pablo, quien impulsa una conducta específica basada en consideraciones doctrinales particulares, a menudo por el uso de "por lo tanto" (Romanos 1-11, compare con 12:1; Efesios 1-3; compare con 5:1; Filipenses 1-3, compare con 4:1; Colosenses 1-2, compare con 3:1).

[57] Vea: Mateo 7:24; 21:28-32; 23:3; Santiago 2:22.

[58] Lucas 3:8; Romanos 6:18; 1 Corintios 6:10-11; Efesios 2:2-3; 4:17, 22, 28; 5:8; Colosenses 3:5-8; 1 Tesalonicenses 1:9.

obliga a "seguirlo".[59] Él nos promete bendiciones por construir nuestra vida sobre Él y sobre sus enseñanzas y nos advierte que el rechazo a construir nuestras vidas enteras en Él y su doctrina terminará en colapso y ruina.[60] Así que, la implementación de su verdad es reclamada en cada esfuerzo y camino de vida está correctamente esperado de nosotros.

Aquellos que no ponen atención a las ramificaciones sociales y culturales de la Palabra de Dios relegan las Escrituras a irrelevancia práctica con respecto a los asuntos más grandes de la vida. Así como el Viejo Testamento, el Nuevo Testamento promueve una visión cristiana de deber e involucramiento social. Por supuesto, tiene que ver con matrimonio y divorcio (Mateo 5:27-32; Lucas 16:18; 1 Corintios 7:1-10), relaciones familiares (Efesios 5:22-33; Colosenses 3:18-20) y crianza de los hijos (Efesios 6:1-4; Colosenses 3:21), como todos coinciden. Pero también nos instruye con respecto al deber del hombre rico con el pobre (Mateo 25:31-46; Lucas 16:19-25; 2 Corintios 8:13), relaciones entre jefe y empleado (Efesios 6:5-9; Lucas 10:17), salarios honestos (1 Timoteo 5:18; Lucas 10:7), mercado libre, regateo (Mateo 20:1-15), derechos de propiedad privada (Hechos 5:4), ciudadanía piadosa y el correcto funcionamiento del estado (Romanos 13:1-7; 1 Pedro 2:13-17), la familia como la agencia primaria de beneficio (1 Timoteo 5:8), buen uso de las finanzas (Mateo 15:14), los peligros de tener deudas (Romanos 13:8), la moralidad de inversiones (Mateo 25:14-30), la obligación de dejar una herencia (2 Corintios 12:14), castigos penales sobre criminales (Romanos 13:4; 1 Timoteo 1:8-10), demandas legales (1 Corintios 6:1-8) y

---

[59] Mateo 10:38; 16:24; Juan 8:12; 10:27; 12:26.

[60] Mateo 7:24-27; Lucas 11:28; Juan 13:17; 14:15, 23, 24; Juan 15:14.

más. Al hacer esto, se refleja y se suplementa la preocupación sociocultural del Viejo Testamento, el cual convoca al pueblo de Dios a vivir *toda la vida* bajo la autoridad de Cristo, no solo las áreas de vida personales-interiores o familia o iglesia. De ahí, el mandato de "guardar todas las cosas que os he mandado". Sin embargo, hay algunos en los círculos evangélicos que intentarían disuadir a fondo el involucramiento social del creyente. Un libro de texto de misiones lo hace:

Cristo es el más sabio de todos los filósofos. Él es la sabiduría de Dios; sin embargo, no fundó ninguna escuela filosófica. Cristo es el más grande de los estudiosos y educadores, aunque no instituyó ningún sistema educacional. Cristo es el más grande benefactor y filántropo; sin embargo, Él no fundó sociedades de ayuda social, instituciones o fundaciones filantrópicas. Cristo era la "presencia cristiana" con las más profundas preocupaciones por libertad, mejora social, igualdad, reforma moral y justicia económica. Sin embargo, Cristo no fundó ninguna organización, institución para iniciar, propagar o implementar los ideales que Él encarnó… Cristo no vino para involucrarse en procesos contra los señores romanos, esclavitud, injusticias sociales y económicas, o marchas por derechos civiles, mejores salarios o mejor educación.[61]

El libro continúa en otra parte:

Somos enviados no a predicar sociología sino salvación; no economía sino evangelismo; no reforma sino redención; no cultura sino conversión; no un nuevo orden social sino un

---

[61] George W. Peters, *A Biblical Theology of Missions* (Chicago: Moody Press, 1972), p. 211.

nuevo nacimiento; no una revolución sino regeneración; no renovación sino reavivamiento; no resucitación sino resurrección; no una nueva organización sino una nueva creación; no democracia sino el Evangelio; no civilización sino Cristo; somos embajadores, no diplomáticos.[62]

¿Pero no deberíamos predicar "sociología bíblica" para que los recipientes de salvación puedan saber cómo deben comportarse como criaturas sociales? ¿No deberíamos predicarles "economía bíblica" a aquellos que sean evangelizados, para que los hombres sepan cómo ser administradores de los recursos que Dios nos ha puesto a nuestro cuidado, recursos que ellos usan cada día de sus vidas? ¿No deberíamos promover una "cultura bíblica" con aquellos que se convierten para que puedan trabajar para transformarse de una cultura pagana a una que honra a Dios? Una y otra vez podríamos ir por respuestas.

Incluso hay colegios cristianos haciendo publicidad en estas líneas. El siguiente anuncio se vio en *Faith For the Family*, anunciando una universidad cristiana: "¿Cristianizar al mundo? ¡OLVÍDELO! ... Tratar de llevar principios cristianos, morales, preceptos, estándares sobre un mundo perdido, usted está perdiendo su tiempo.... Evangelice — predique el Evangelio; arrebate a los hombres como tizones del fuego.... Toda su predicación no cambiará el mundo, pero el Evangelio 'es el poder de Dios para salvación de todo el que cree'".[63] (Debemos preguntar: ¿Cuál trabajo de curso académico se podría asignar que fuera consistente con tal visión del pensamiento cristiano?

---

[62] *Ibid.*, p. 209.
[63] Citado en Herbert W. Bowsher, "Will Christ Return 'At Any Moment'?" en *The Journal of Christian Reconstruction* 7:2 (Winter, 1981) 48.

¿Cuáles libros de texto hacen tal asignación universitaria? La respuesta es obvia: libros de texto escritos ya sea por humanistas o por cristianos que no comparten estas presuposiciones universitarias. Por cierto, para que conste, hasta el "nombre de la inflación" de los años 70, una universidad era una institución académica que daba un título de doctorado — G. N.).

Otro escritor evangélico está de acuerdo, cuando comenta sobre la Gran Comisión: "Lo que debemos *obedecer* está modelado para nosotros en la vida de Cristo y de los apóstoles. Ellos no llamaron a una revolución política, ni organizaron un partido político, ni un plan sistemático para tomar en la sociedad. En vez de hacer eso ellos pusieron su energía en salvar almas y en transformar las vidas de aquellos convertidos a ciudadanos del reino espiritual de Dios".[64] Desafortunadamente, la forma en la que se enmarca la oración ("revolución", "partido político", "toma") pone la peor luz posible sobre el llamado espiritual a la participación sociocultural. Nuestras armas para la revolución política no son carnales, sino espirituales (Corintios 10:4-5). Nuestra efectividad no se alcanza a través de partidos políticos sino a través de la Iglesia (Efesios 1:19-21), oración (1 Timoteo 2:2-5; 1 Pedro 3:12), y una labor celestial (Lucas 19:13; 1 Pedro 2:15-16). Nuestra meta no es "tomar el control" como en un golpe de estado, sino ganar a través de la Palabra poderosa (Hebreos 4:12; Efesios 6:17). Como un escritor lo dijo: "La labor es nuestra; el sometimiento es de Él".[65]

---

[64] Lindsey, *Road to Holocaust*, p. 279.

[65] Herschell H. Hobbs, *An Exposition of the Gospel of Matthew* (Grand Rapids: Baker, 1965), p. 422.

Conclusión

La Gran Comisión, entonces, nos insta a vivir *toda* la vida para la gloria de Cristo, *a observar todas las cosas* que Cristo nos manda en su Palabra. Debemos hacer *todas* las cosas para la gloria de Dios,[66] porque todos los hombres y las cosas han sido creadas para su gloria y se espera que le lleven gloria.[67] Debemos amar a Dios con "todo nuestro corazón, toda nuestra mente, nuestra alma y nuestra fuerza",[68] pues Él nos ha redimido para purificarnos de "toda iniquidad" (Tito 2:14) para que podamos ser "celosos de buenas obras" en toda la vida.[69] Ganar la mente y la voluntad de los perdidos involucra la enseñanza de todas las cosas que Cristo nos enseña en su Palabra, tanto en el Viejo como en el Nuevo Testamento.

---

[66] Romanos 14:7-9; 1 Corintios 10:31; Colosenses 3:17; 1 Pedro 4:11.

[67] Eclesiastés 12:13; Hechos 17:26-31; Colosenses 1:16; Apocalipsis 4:11.

[68] Mateo 22:37; Marcos 12:30, 33; Lucas 10:27.

[69] Tito 2:14; Efesios 2:10.

IV. Juramento de Pacto

6

EL COMPROMISO CON LA SOBERANÍA

"Bautizándolos en el nombre del Padre, y del Hijo y del Espíritu Santo" (Mateo 28:19b).

El cuarto rasgo del pacto es el requisito de un juramento, a menudo tomado en conjunción con algunas acciones ceremoniales. En esta ceremonia de toma de juramento, el pacto es públicamente puesto como una obligación solemne bajo el pacto soberano y la administración histórica de su autoridad. Este obliga al que toma el pacto a vivir de acuerdo con las estipulaciones soberanas. Los pactos divinos, por la misma naturaleza del Soberano, involucran adoración. En la Gran Comisión, descubrimos tanto la adoración como la ordenación de la ceremonia del juramento.

Todo eso ha sido establecido hasta ahora con respecto a que la obligación de dominar toda la cultura para Cristo *nunca* debe ser separada de sus bases espirituales en adoración y alabanza de Dios. Debemos siempre impulsar el principio de la espiritualidad del trabajo del reino de la Iglesia notando el punto de inicio redentor y su énfasis en la alabanza. Como Geerhardus Vos lo dijo:

> La doctrina de Jesús del reino tanto la interna como externa, viniendo primero en el corazón del hombre y luego en el mundo externo, defiende *la primacía de lo espiritual y ético* sobre lo físico. El mundo invisible de la vida religiosa interna, la justicia de la disposición, la filiación de Dios está en ella hecha suprema, la esencia del reino, las últimas realidades a las que todo está subordinado.[1]

La Gran Comisión *no* es solo una herramienta de transformación cultural, ni es tampoco un *principio* como tal. Los efectos culturales de la Gran Comisión fluyen del poder redentor inherente en el reino de Cristo.

En el aspecto de juramento-alabanza de la Comisión, tenemos a Cristo exhibido en este oficio sacerdotal. Él es nuestro sumo sacerdote, quien asegura nuestra redención, quien es simbolizado y sellado en nosotros en el bautismo.

Bautismo y Alabanza

En el mismo contexto de la entrega de la Gran Comisión vemos la respuesta de los encantados discípulos por la presencia de Cristo resucitado: "Y cuando le vieron, le adoraron" (Mateo 28:17a). Al recibir esa visión, se da la Gran Comisión (Mateo

---

[1] Geerhardus Vos, *The Teaching of Jesus Concerning the Kingdom of God and the Church* (Nutley, NJ: *Presbyterian and Reformed,* rep. 1972), p. 103. (Este es el título dado en la página del título. El título que se muestra en la portada es solo: *The Kingdom of God and the Church*).

28:18-20). La ida y el discipulado de la Gran Comisión son un ir para y un discipulado bajo la autoridad de Aquel que es infinitamente digno de nuestra alabanza.[2] Estos "discípulos" vieron a Cristo y "lo alabaron". Al ser ellos inmediatamente instruidos a "discipular a las naciones", obviamente fueron a instruir a todas las naciones en la alabanza de Cristo.

Sin duda el punto de inicio de la influencia de gracia de Cristo entre los hombres es la salvación personal forjada por la soberana gracia del poderoso Dios.[3] Muchos evangélicos están de acuerdo con este punto, y yo ciertamente confirmo esta verdad en este libro. Debido a esta depravación inherente del hombre;[4] este no puede saber las cosas de Dios[5] ni se puede salvar a sí mismo, ni siquiera prepararse para salvación.[6] Además, tampoco puede él funcionar propiamente en el mundo de Dios.[7] Aquí es donde la Gran Comisión entra: aprovecha el poder de Dios para efectuar un cambio radical en el corazón y la mente del hombre. Basado en el plan de Dios, fundado en la obra de Cristo, hecho efectivo por la operación del Espíritu Santo, el Evangelio trae salvación eterna para los pecadores que de otra manera están perdidos sin esperanza, y esto señala a la importancia del bautismo por la Comisión.

---

[2] Efesios 1:20-21; Filipenses 2:9-11; Hebreos 1:6; Apocalipsis 5:9-14; 5:3-4.

[3] Su influencia es como un rey sobre un reino espiritual, Mateo 4:23; Juan 3:3; Hechos 8:12; Colosenses 1:13.

[4] Salmo 51:5; Jeremías 17:9; Romanos 3:10; Efesios 2:3.

[5] Juan 3:19; 1 Corintios 2:14; Efesios 4:17-19.

[6] Job 14:4; Jeremías 13:23; Juan 6:44; 65; Romanos 3:10; 8:8.

[7] Mateo 12:33; Hechos 26:18-20; Romanos 8:7; 8; Efesios 2:1, 2.

Cristo ordenó el bautismo como una señal[8] y un sello[9] de su pacto de gracia. El bautismo primaria y fundamentalmente significa unión con Cristo, una unión que conlleva fe en Él y la limpieza del pecado.[10] La misma fórmula del bautismo dada en la Gran Comisión en sí misma señala la verdad de la unión con Cristo (con la noción más amplia de esa unión involucrando al Dios trino): "bautizadlos en el nombre del Padre, del Hijo y del Espíritu Santo (Mateo 28:19b).[11]

Pero la promoción de salvación personal, individual y espiritual, donde el convertido es limpiado de su pecado y es unido con Cristo, no es el fin de toda la Gran Comisión. Aquí expresamos de otro modo el intercambio mencionado anteriormente por Gaines Dobbins. A la pregunta: "¿No es la conversión el final de la Gran Comisión?" Respondemos: "Sí, ¿pero cuál final?"

---

[8] Como una "señal" el bautismo es una acción externa visible a los sentidos que retratan la gracia interna del Espíritu Santo, el cual espiritualmente efectúa unión con Cristo. Note la conexión final del agua y el Espíritu en la Escritura, Mateo 3:11; Marcos 1:8; Lucas 3:16; Juan 1:33; Hechos 1:5; 2:38; 10:47; 11:16; 19:1-6; 1 Corintios 12:13.

[9] Como un "sello" del pacto, el bautismo es la confirmación ordenada divinamente y la garantía de la transacción espiritual efectuada. Note que (1) El bautismo se dice específicamente que ha tomado el control por la circuncisión en la era del Nuevo Testamento (Colosenses 2:11-12), y la circuncisión es llamada un "sello" por Pablo (Romanos 4:11). La acción de sellar es efectuada por el Espíritu Santo (1 Corintios 1:21-22, Efesios 1:13; 4:30). (2) Esto es por lo que el bautismo puede ser asociado con los efectos que aparecen virtualmente para destacar esos efectos (Hechos 2:38; 22:16; Romanos 6:3; Gálatas 3:27; Colosenses 2:12; 1 Pedro 3:21). Es el sello de esos efectos espirituales actuales.

[10] Vea la discusión abajo, pp. 84-90.

[11] Vea el involucramiento trinitario en la unión del creyente en Juan 14:16, 17, 23; 17:21-23.

Bautismo y Autoridad

La unión espiritual con Cristo es el significado del bautismo ceremonial y esta unión es esencial para la última renovación cultural cristiana resultante de los efectos del gran número de conversiones.[12] La fórmula del bautismo enfatiza esa unión en una manera importante. Cristo le manda a su Iglesia bautizar a los convertidos *"en* el *nombre* del Padre y del Hijo y del Espíritu Santo"* (Mateo 28:19b). ¿Ahora cuál es el significado de bautizar "en" el "nombre" del Dios Trino?

La proposición griega *eis* ("en") es usada aquí en una manera para expresar "la noción de esfera".[13] O sea, este bautismo es una señal y un sello de los nuevos discípulos ganados que están "en la esfera de" o "viniendo bajo el señorío del" Padre, Hijo y Espíritu Santo.[14] O, como su resultado está relacionado en otra parte, el convertido está "en Cristo".[15] En el momento de la salvación, entonces, el pecador redimido es sacado del ámbito de Satanás y su regla de dominio[16] al ámbito del Dios Trino y su

---

[12] Vea el capítulo 4 para la promesa de los efectos masivos, mundiales redentores de la Gran Comisión.

[13] Vea: A. T. Robertson, *A Greek Grammar in the Light of Historical Research* (Nashville: Broadman, 1934), p. 592; R. C. H. Lenski, *The Interpretation of St. Matthew's Gospel* (Columbus, OH: Wartburg, 1943), p. 1175.

[14] D. A. Carson, "Matthew", en Frank E. Gaebelein, *The Expositor's Bible Commentary* (*Grand Rapids: Regency Reference Library*, 1984), 8:597.

[15] Vea las siguientes referencias paulinas de estar "en Cristo": Romanos 8:2; 12:5; 16:3; 16:10; 1 Corintios 1:2, 30; 3:1; 4:15, 17; 15:22; 16:24; 2 Corintios 1:21; 2:14; 5:17; 12:2; Gálatas 1:22; 2:4; 3:28; 5:6; 6:15; Efesios 1:1; 1:3; 2:6; 2:10; 2:13; 3:6; Filipenses 1:1; 2:1; 2:5; 3:3; 4:21; Colosenses 1:2, 4, 28; 1 Tesalonicenses 2:14; 4:16; 1 Timoteo 1:14; 2 Timoteo 1:1, 9; 2:1; 3:12; Filemón 1:8, 23.

[16] Greg L. Bahnsen, *"The Person, Work, and Present Status of Satan"*, *The Journal of Christian Reconstruction I (Winter, 1974):11-43.*

regla (Hechos 26:18).[17] Es interesante que en el Libro de Hechos, donde tenemos el récord histórico del trabajo de la Iglesia primitiva misionera, Cristo es llamado "Señor" por lo menos 26 veces, y probablemente hasta 92 veces.[18] Él es llamado "Salvador" excepto por dos veces.[19] *La Escritura claramente enfatiza su señorío en salvación y vida.* Y, por supuesto, la concepción completa del discipulado, como se concibe en la Gran Comisión, implica una relación de maestro/estudiante entre el Señor y el convertido.

La autoridad del Dios Trino también se involucra en el bautismo por medio de expresiones que indican que el discípulo es bautizado en su "nombre". Es cierto que antiguos judíos a menudo usaron "el nombre" como un sustituto para decir el nombre sagrado de Jehová (por miedo a accidentalmente incumplir el Tercer Mandamiento). Sin embargo, este no es el caso en Mateo 28:19. Más bien, "el nombre" unido con la acción bautismal aquí, indica "propiedad".[20] No es simplemente un hebreismo o un circunloquio para la persona de Dios.[21]

---

[17] Vea la nota 23 abajo. Para un estudio donde hay un nuevo maestro sobre el creyente, vea Romanos 6. Consulte John Murray, *The Epistle to the Romans (New International Commentary on the New Testament)* (Grand Rapids: Wm. B. Eerdsmans, 1959), volumen 1, capítulo 6.

[18] Las siguientes son referencias indisputables de Jesús como "Señor" en Hechos. Vea Hechos 1:21; 2:36; 4:33; 7:59; 8:16; 9:5; 17, 27, 29; 10:36; 11:17, 20; 15:11, 26; 16:31; 19:5, 10, 13, 17; 20:21, 24, 35; 21:13; 22:8; 26:15; 28:31. Muchas otras referencias al "Señor" (descalificadas por la adición de "Jesús" o "Cristo") indudablemente se refieren a Él también, posiblemente añadiendo a estos otros 66 ejemplos.

[19] Hechos 5:31; 13:23.

[20] R. E. Nixon, *Matthew* en D. B. Guthrie y J. A. Motyer, eds., *The Eerdmans Bible Commentary* (3era edición.: *Grand Rapids*: Wm. B. Erdmans, 1970), p. 850.

[21] Robertson, *Grammar*, p. 649.

Hay buena evidencia de que la terminología empleada aquí se usa tanto dentro como fuera de los círculos cristianos en una forma útil para el entendimiento de su uso en Mateo 28. Estudiosos griegos han encontrado que "el uso del nombre (*onoma*) aquí es común en la Septuaginta y los papiros por poder o autoridad".[22] Por ejemplo, soldados paganos juraban *en el nombre* o posesión del dios Zeus en la entrada al servicio militar y, en asuntos financieros, el dinero se pagaba *a nombre de* o cuentas o posesiones de alguien. "Así en el presente pasaje el bautizado puede decirse que se traduce en la posesión del Padre, del Hijo y de su Espíritu".[23]

Todo esto es muy significativo, en la conversión al Señor Jesucristo, los hombres se inclinan ante su nuevo Señor y Maestro y reciben la señal y el sello de su reino. En consecuencia, en este acto bautismal de adoración hay una declaración sacramental pública del intercambio del ámbito de autoridad (de Satanás) a otro (de Dios).[24] Esto sustenta la idea de renovación cultural cristiana, ya que el bautizado ahora está obligado a vivir toda su vida en términos de las obligaciones del pacto del nuevo Maestro como opuestas a las anteriores.

---

[22] A. T. Robertson, *Word Pictures in the New Testament* (Nashville: Broadman, 1930), 1:245.

[23] F. W. Green, *The Gospel According to Saint Matthew* en Thomas Strong y Herbert Wild, eds., *The Clarendon Bible* (Oxford: Clarendon, 1960), p. 258. Otras referencias que reúnen la Trinidad en contextos específicos incluyen: Mateo 3:13-17; 1 Corintios 12:4-6; 2 Corintios 1:21-22; 13:14; Gálatas 4:6; Efesios 1:3-4; 4:4-6; 2 Tesalonicenses 2:13-14; 1 Pedro 1:2; Apocalipsis 1:4-6. Vea también: *The Didache* 7:1-13 y Justin Martyr, *First Apology* 61.

[24] Hechos 26:18; Colosenses 1:13; 2 Timoteo 2:26; Hebreos 2:14-15; Efesios 2:3. Vea también: Juan 5:24; Efesios 5:8; 1 Juan 3:8; 4:4; 5:19.

Bautismo y Juramento

A través de este libro, he estado demostrando que *la Gran Comisión es un pacto de obligación*. En consecuencia, requiere un juramento pactual de compromiso a los términos del pacto. El bautismo es una señal y un sello del pacto e involucra un juramento del pacto. Como lo discutí en el Capítulo dos, la sección del juramento del pacto involucra sanciones. El pacto mantiene el prospecto de bendiciones por obediencia a los términos del pacto y amenaza con maldiciones por desobediencia. Aunque somos propensos solo a pensar sobre las gloriosas promesas asociadas con el bautismo, hay *sanciones negativas* involucradas en el bautismo también.

Como señal y sello de nuestra redención, el bautismo habla de nuestra salvación y de la novedad de vida que la salvación trae. Así como la vieja creación (la palabra física) emergió de debajo de las aguas (Génesis 1:1-10), así la nueva creación (el mundo redimido o sea salvación). En el derramamiento de las aguas del bautismo sobre el convertido,[25] recibimos la señal de la venida del Espíritu Santo, quien efectúa nuestra unión con el Dios Trino, limpieza del pecado y fe en Cristo. El bautismo, entonces, habla de bendición y perdón.

Sin embargo, el bautismo también exhibe juicio fuertemente. La primera mención del bautismo en el Nuevo Testamento es

---

[25] En la Escritura hay una correspondencia consciente y deliberada entre el bautismo del Espíritu Santo y el bautismo de agua (Mateo 3:11; Marcos 1:8; Juan 1:33; Hechos 1:4, 5; 10:44-48; 11:15-16). Uno es el signo del otro. Consecuentemente, ellos se corresponden en representación modal. El Espíritu Santo siempre se dice que se derrame o salpique sobre el objeto de sus operaciones de santificación: Proverbios 1:23; Isaías 32:15; 44:3; Ezequiel 36:25-28; 39:29; Joel 2:28-29; Zacarías 12:10; Hechos 2:15-17, 33; 10:44-45; Tito 3:5, 6.

bajo el ministerio de Juan el Bautista, quien bautiza con una visión de arrepentimiento del pecado, en anticipación a la venida del juicio.[26] Luego, Cristo se refiere a su juicio que se avecina, al sufrimiento, y muerte con un "bautismo".[27] El escritor de Hebreos también habla de los "varios bautismos"[28] en el Viejo Testamento, los "bautismos" hechos con la sangre de animales muertos sacrificados, los cuales claramente hablan de la muerte de juicio (Hebreos 9:10, 13, 19, 21).

El bautismo cristiano está en sí mismo conectado al juicio. El llamado pentecostal a bautizarse se dio a la sombra de un juicio ardiente que se avecina: la destrucción de Jerusalén (Hechos 2:19-21, 40-41). Igualmente, Pedro relaciona el bautismo con asuntos terrenales y de muerte cuando habla de él en el contexto del diluvio de Noé (1 Pedro 3:20-21). Así que, el escape del juicio al que se relaciona el bautismo es a través de los sufrimientos redentores de Cristo, tal como Pablo lo aclara en Romanos 6. Allí él específicamente menciona el aspecto de muerte que conlleva el bautismo, cuando él dice: "Porque somos sepultados juntamente con Él para muerte por el bautismo".[29]

En el análisis final pueda que se diga que el bautismo es "una señal de pacto de alianza con Cristo el Señor.... Y si la función inmediata del bautismo en la administración del pacto es servir como el ritual de un pacto de discipulado, nosotros tenemos en esa otra indicación que el bautismo es una representación

---

[26] Mateo 3:7-12; Lucas 3:3-9. Vea: Richard Flinn, "Baptism, Redemptive History, and Eschatology" en James B. Jordan, ed., *The Failure of American Baptist Culture*, volumen 1 de *Christianity and Civilization* (Tyler, TX: Geneva Divinity School, 1982), p. 119, n. 26.

[27] Mateo 20:22-23; Marcos 10:38-39; Lucas 12:50.

[28] El griego de Hebreos 9:10 tiene *baptismois* como la palabra prestada "lavados". Es la forma sustantiva del verbo *baptizo*, "bautizar".

[29] Romanos 6:4; compare con Colosenses 2:11-12.

simbólica del juicio del pacto. Pues, como lo hemos visto, los rituales del pacto fueron la promulgación de las funciones invocadas en el pacto".[30] Como lo dice Gary North: "... *donde hay un pacto, hay también una maldición implícitamente.* Sin la presencia de una maldición, no puede haber pacto".[31]

Bautismo y Cultura

La mayoría de los cristianos está de acuerdo en que el bautismo es la señal bíblica apropiada para ser aplicada a los nuevos convertidos a la fe. Vemos un gran número de ejemplos en el Nuevo Testamento de individuos recibiendo el bautismo sobre su conversión bajo la influencia de la Gran Comisión, pensamos en el eunuco etíope, Pablo, Cornelio, Lidia, el carcelero filipense, Crispo y Gayo.[32]

Pero en eso la Gran Comisión es una comisión pactual, el bautismo no puede limitarse a un enfoque individualista. Así como la Gran Comisión tiene una influencia corporal, así también la tiene el bautismo en sí mismo y su diseño corporal conlleva el bautismo de las *familias* de los creyentes.

En los tratos pactuales de Dios con su pueblo, existe lo que podemos llamar el principio de *solidaridad familiar.*[33] Vemos

---

[30] Meredith G. Kline, *By Oath Consigned: A Reinterpretation of the Covenant Signs of Circumcision and Baptism* (Grand Rapids: Wm. B. Eerdmans, 1968), p. 81. Para corregir cualquier desequilibro en Kline, vea Flinn, *"Baptism, Redemptive History, and Eschatology"*, pp. 122-131.

[31] Gary North, *The Sinai Strategy: Economics and the Ten Commandments* (Tyler, TX: *Institute for Christian Economics*, 1986), p. 56.

[32] Hechos 8:38; 9:18; 10:48; 16:15; 33; 1 Corintios 1:14.

[33] Vea: Kenneth L. Gentry, Jr., "Infant Baptism: A Duty of God's People" (Mauldin, SG: Good Birth Pubs, 1982).

este excelente principio trabajando en varios ejemplos en la Escritura. Por ejemplo, aunque la Biblia enseña que "*Noé encontró gracia en los ojos del señor*" (Génesis 6:8), su *familia* entera fue llevada al arca por protección, debido al pacto lleno de gracia de Dios.[34] Igualmente, el pacto de Dios fue establecido con Abraham (Génesis 12:1-3) — *y con su semilla* (Génesis 17:7). El pacto lleno de gracia de Dios fue designado a pasar por generaciones familiares,[35] así como fueron sus temibles maldiciones pactuales.[36]

Por todo esto, Dios santifica con gracia (aparta) los descendientes del pacto fiel. Incluso en el Nuevo Testamento, Dios hace una distinción entre los hijos de su pueblo y los hijos de los no creyentes: "Porque el marido incrédulo es santificado en la mujer, y la mujer incrédula en el marido: *pues de otra manera vuestros hijos serían inmundos; mientras que ahora son santos*" (1 Corintios 7:14).[37] Esta es la razón por la que Cristo pone sus manos sobre infantes de sus seguidores, para bendecirlos.[38] Cuando Pablo les escribe a los "santos" (a los apartados) en un lugar particular,[39] él incluye mandatos para los niños, quienes son enumerados entre los santos.[40]

---

[34] Génesis 6:18; 7:1, 7.

[35] Josué 2:12-13; Salmo 37:17,18; 103:17-18; 105:8; 115:13-14; Proverbios 3:33.

[36] Éxodo 20:5; 34:6, 7; Deuteronomio 5:9. Note: Génesis 9:24-25; Oseas 9:11-17; Salmo 109:1, 2, 9, 10; Proverbios 3:33.

[37] El principio se encuentra en Romanos 14:17, también: "Si las primicias son santas, también lo es la rama restante; y si la raíz es santa, también lo son las ramas".

[38] Compare Lucas 18:15-17 con Mateo 19:13-14.

[39] Efesios 1:1; Colosenses 1:2.

[40] Efesios 6:1; 4; Colosenses 3:20-21.

Además, debemos notar que las bendiciones del Nuevo Testamento, como aquellas del Viejo Testamento están enmarcadas en términos *inclusivos* de generaciones de familia, más que en términos *excluyendo* generaciones de familia: la promesa es para los creyentes y sus hijos.[41] No hay *nada* en el Nuevo Testamento que socave e invalide el principio pactual del Viejo Testamento de solidaridad familiar. De hecho, todo confirma su continua validez. Así que un entendimiento pactual del bautismo guía inexorablemente al bautismo infantil. Para demostrar esto en forma breve, primero consideramos la señal de pacto del Antiguo Testamento: la circuncisión. Luego mostraremos los elementos de continuidad entre la circuncisión del Viejo Testamento y el bautismo del Nuevo Testamento.

La Circuncisión del Viejo Testamento

Claramente la circuncisión *era la* señal del pacto en la era del Viejo Testamento, como es evidente en el Pacto abrahámico (Génesis 17:7, 10-11).[42] De hecho, Esteban lo llama "el pacto de la circuncisión" (Hechos 7:8). Y la circuncisión representaba verdades *espirituales profundas* en Israel.

1. La circuncisión representaba unión y comunión con Dios. En Génesis 17:10-11 a la circuncisión se refiere como la señal del pacto de Dios con su pueblo: "Este es mi pacto que deberán guardar, Yo y ustedes y sus descendientes: Cada niño varón entre ustedes deberá ser circuncidado; y usted deberá ser

---

[41] Hechos 2:38,39; 16:31; 11:14.

[42] Las palabras "circuncisión" y su opuesta "incircuncisión" aparecen 71 veces en el Antiguo Testamento y 54 veces en el Nuevo Testamento.

circuncidado en la carne de su prepucio, y será una señal del pacto entre Yo y tú". El que no era circuncidado estaba en incumplimiento del pacto y se excluía a la persona del pueblo de Dios: "Y el niño varón incirunciso, que no es circuncidado en la carne de su prepucio, esa persona deberá ser cortada de su pueblo, pues ha quebrado mi pacto" (Génesis 17:17).

Israel estaba personal y profundamente en unión y comunión con Dios; ella no existía simplemente en una relación política con él.[43] De hecho, la más grande bendición del pacto de Dios con Abraham, el cual fue sellado en circuncisión, fue: "Yo seré su Dios y ustedes serán mi pueblo".[44]

2. La circuncisión simbólicamente representaba la eliminación de la deshonra del pecado. A menudo en el Antiguo Testamento escuchamos el llamado a "circuncidar el corazón",[45] por ejemplo, de la inmundicia. Este llamado profundamente espiritual muestra la relación sacramental entre el acto exterior físico de la circuncisión y la realidad espiritual interna de la limpieza del pecado.

3. La circuncisión sellaba la fe. En el Nuevo Testamento, el "Apóstol de la Fe" claramente habló de la relación de la circuncisión de la fe del Antiguo Testamento, la virtud fundamental cristiana: Abraham "recibió la señal de la circuncisión, un sello de la justicia de la fe que él tenía" (Romanos 4:11). La circuncisión es una señal y un sello de la

---

[43] Génesis 17:7; 11; Éxodo 6:7; 29:45; Levítico 26:12.

[44] Génesis 17:7; Éxodo 5:2; 6:7; 29:45; Levítico 26:12; Deuteronomio 7:9; 29:14-15; 2 Samuel 7:24; Jeremías 24:7; 31:33; 32:38; Ezequiel 11:20; 34:24; 36:28; 37:23; Zacarías 8:8. Además, la frase "Mi pueblo" se usa 200 veces en el Antiguo Testamento.

[45] Deuteronomio 10:16; 30:6; Isaías 52:1; Jeremías 4:4; 6:10; 9:26; Ezequiel 44:7-9.

justicia que resulta de la fe y Abraham es el ejemplo preminente de justificación por la fe para los apóstoles.[46] De hecho, en otra parte Pablo relaciona la circuncisión con las realidades espirituales de la salvación a través de la fe.[47]

El Bautismo del Nuevo Testamento

La fase del pacto del Nuevo Testamento, el bautismo se convierte la señal del pacto.[48] De ahí, la aplicación de la Gran Comisión del bautismo sobre los convertidos a la fe (Mateo 28:19). Del bautismo podemos notar que representa las mismas verdades espirituales como la circuncisión: (1) Unión y comunión con el Señor,[49] limpieza de la deshonra del pecado,[50] y fe.[51]

De hecho, el bautismo específicamente reemplaza la circuncisión, ya que está escrito de cristianos: "En Él vosotros fuisteis circuncidados con circuncisión no hecha a mano, al echar de vosotros el cuerpo pecaminoso carnal, *en la circuncisión de Cristo; sepultados con Él*, mediante la fe en el poder de Dios que le levantó de los muertos" (Colosenses 2:11-12, énfasis añadido). Por lo tanto, no es sorprendente que, al seguir el patrón puesto por la circuncisión del Antiguo

---

[46] Romanos 4:3; 9, 12, 16; Gálatas 3:6-9, 14; Hebreos 11:8, 17; Santiago 2:23.

[47] Romanos 2:28, 29; Filipenses 3:3; Colosenses 2:11.

[48] Marcos 16:16; Hechos 2:38; 8:12; 10:48; 22:16; 1 Pedro 3:21.

[49] Romanos 6:3-6; 1 Corintios 12:13; Gálatas 3:27, 28; Colosenses 2:11, 12.

[50] Hechos 2:38; 22:16; 1 Pedro 3:21. Compare también la relación entre bautismo y el "bautismo de fuego", el cual es un fuego que purga y purifica: Mateo 3:11; Marcos 1:8; Lucas 3:16; Hechos 1:5.

[51] Marcos 16:16; Hechos 8:36-37; 16:14-15, 33-34.

Testamento, el bautismo se mencione en conjunción con la promesa a *familias* (Hechos 2:38, 39) y esos ejemplos del bautismo de *familias* enteras son mencionados.[52]

En Hechos 16:14-15 leemos: "Entonces una mujer llamada Lidia nos oyó... El Señor abrió su corazón para que estuviera atenta a lo que Pablo decía y cuando ella y su familia fueron bautizados, nos rogó diciendo: 'Si habéis juzgado que yo sea fiel al Señor entrad en mi casa, y pasad' y nos obligó a quedarnos". Note que se dice que el Señor abrió el corazón de *Lidia*, aunque "*ella y su familia* fueron bautizados". Esto es precisamente paralelo a la situación con la circuncisión en el Viejo Testamento.[53]

Así que el principio pactual de solidaridad familiar continúa del Viejo Testamento al Nuevo Testamento. El bautismo infantil, entonces, es justificado sobre las siguientes bases, para citar solo algunos: (1) Circuncisión y bautismo representan las mismas verdades espirituales. La circuncisión fue aplicada a los infantes, entonces ¿por qué no tener bautismo? (2) El bautismo se dice específicamente que reemplaza a la circuncisión, entonces ¿por qué no para infantes? (3) Promesas redentoras son vistas en tal manera que incluyan a los creyentes y a sus semillas, entonces ¿por qué no bautizar a ambos? (4) Los niños de los creyentes se dice que son "limpios" y "santos", entonces ¿por qué no aplicarles el símbolo de limpieza? (5) En el récord del Nuevo Testamento aparecen bautismos familiares, aunque en

---

[52] Hechos 16:15, 33; 1 Corintios 1:16. Interesantemente, solo hay 12 episodios anotados del bautismo cristiano en el Nuevo Testamento (Hechos 2:41; 8:12, 13, 38; 9:18; 10:48; 16:15, 33; 18:8; 19:5; 1 Corintios 1:14, 16). Sin embargo, tres de estos son bautismos familiares. Es significativo que *no* haya instancias de padres cristianos presentando a sus hijos para el bautismo *después* de la conversión del niño.

[53] Génesis 17:12, 13, 23, 27.

algunos casos, solo se dice que los padres han creído. (6) No existe récord de la derogación de la inclusión de los niños en las promesas del pacto. La familia representa la primera experiencia del niño con la sociedad. En ella la familia es el campo de entrenamiento para la vida madura en sociedad (Deuteronomio 6:6; 1 Timoteo 3:4-5, 12; 5:8),[54] el bautismo conlleva grandes implicaciones culturales.

Conclusión

La Gran Comisión manda el bautizo de discípulos de Jesucristo. En la acción del bautismo hay un establecimiento de una relación pactual entre Dios, el discípulo y su semilla. Esta relación de pacto promete una recompensa y bendición por la fidelidad a los términos del pacto; también amenaza con ira y maldición por infidelidad; y aquellas sanciones al pacto se aplican a la más pequeña sociedad fundacional: la familia.

Demasiados cristianos consideran el bautismo ligeramente, pero hay una estrecha unión en la Gran Comisión a que "toda autoridad en el cielo y en la tierra" debería guiar al cristiano conocedor a una consideración más alta del bautismo. Los juramentos de alianzas son obligaciones vinculantes — eternamente vinculantes. "A todo aquel a quien se le haya dado mucho, mucho se le demandará" (Lucas 12:48).

---

[54] Gary North, *Tools of Dominion: The Case Laws of Exodus* (Tyler, TX: Institute for Christian Economics, 1990), capítulos 4-5.

7

LA CONTINUACIÓN DE LA SOBERANÍA

"Y he aquí yo estoy con vosotros todos los días hasta el fin del mundo" (Mateo 28:20b).

Como lo he estado afirmando a través de este estudio, la grandeza de la Gran Comisión ha sido pasada por alto grandemente por los cristianos modernos. En este capítulo, consideraré otro aspecto de la grandeza de la Gran Comisión que ha sido disminuido en manos de demasiados expositores con buenas intenciones de la Escritura: El resultado esperado de la Gran Comisión en la historia. A manera de introducción y antes de en realidad demostrar las razones para el progreso del Evangelio, yo voy a explicar brevemente lo que creo que esos prospectos deben ser. Luego regresaré a dar la base bíblica que los apoya, como se encuentran en la Gran Comisión y en otras partes.

La expectativa de la influencia de la Comisión es que el Evangelio de Jesucristo triunfará gradual y en aumento a través del mundo hasta que la gran mayoría de los hombres, con su cultura y nación; sean sostenidos en su influencia santa y llena de gracia. El último efecto será una inigualable (aunque nunca perfecta) justicia, paz y prosperidad que prevalecerán a lo largo de la tierra; o sea, la Biblia sostiene un prospecto optimista y glorioso para la futura conversión de los hombres y naciones durante esta presente era del Evangelio. Esta visión del progreso de la historia es conocida como *postmilenialismo,*[1] pues enseña que Cristo regresará después de que las condiciones del milenio sean dispersadas a través del mundo.

Ahora, la tarea presente. Con respecto al futuro brillante del mundo ganado por la Gran Comisión, consideremos, primero:

El Empoderamiento de la Comisión

Este debe enfatizarse: *No existe ninguna expectativa optimista para el futuro de la humanidad que se pueda discutir sobre una base secular.* Este prospecto glorioso postmilenialista no está, en ninguna manera, formado o enraizado en ninguna teoría humanista o sobre la base de fuerzas naturalistas.[2] No podemos tener una estimación alta de los prospectos del futuro de los hombres basados en el hombre en sí mismo, pues "por cuanto los designios de la carne son enemistad contra Dios; porque no se sujetan a la ley de Dios, ni tampoco pueden; y los que viven según la carne no pueden agradar a Dios" (Romanos

---

[1] Para una definición del "postmilenialismo", vea el capítulo 11.

[2] Es interesante leer Eclesiastés y notar en la comparación de la visión "bajo el sol" (Eclesiastés 1:14; 2:11, 17) con una visión de vida desde una perspectiva divina. La visión "bajo el sol" es perfectamente paralela a la visión secular humanista que se aparta de la Escritura de Dios. Todo se convierte en "vanidad y vejación del espíritu" en tal visión del mundo.

8:7-8). Cuando se le deja a sí mismo, el mundo del hombre es corrompido y destruido, una clásica ilustración de estar en los días de Noé (Génesis 6:5).

Esta esperanza tampoco es para el progreso de la humanidad bajo el Evangelio relacionada con la fuerza cristiana, la sabiduría, o astucia centrada en sí misma.[3] Centrados en nuestros propios esfuerzos, nosotros los cristianos aprendemos demasiado rápido que "apartados de mí nada podéis hacer" (Juan 15:5). De hecho, esto se ilustra muy bien en el contexto histórico en el cual se dio la misma Gran Comisión, *la cual fue dada por Cristo a un cuerpo pequeño de cristianos temerosos, que muy recientemente lo habían abandonado y habían huido.*[4] Estos hombres se escondieron con muchísimo temor debido a la violenta oposición a Cristo generada por los judíos y ejercitada por el Imperio romano,[5] una oposición que Él profetizó que solo empeoraría en su propia generación.[6]

---

[3] Parece que demasiados incluso entre evangélicos ven el evangelismo como un método manipulador, más que uno para enviar el mensaje de verdad. Uno de los más grandes evangelistas del siglo pasado, Dwight L. Moody, es alabado por un escritor por ser: "el creador de muchas innovaciones en evangelismo, tales como el uso efectivo de la publicidad, organizaciones y anuncios, y al hacer eso él completó la 'reducción del evangelismo a un asunto de técnica y personalidad'". George Dollar, *A History of Fundamentalism in America* (Greenville, SC: Bob Jones University, 1973), p. xi. El pastor de la mega iglesia fundamentalista Jack Hyles ha enseñado incluso la necesidad de tener un fresco aliento cuando se hace evangelismo personal, ya que el mal aliento desalienta a los potenciales convertidos, quienes luego pueden morir e irse al infierno. Jack Hyles, *Let's Go Soul Winning* (Murfreesboro, TN: *Sword of the Lord,* 1968).

[4] Compare Mateo 28:16 con 26:56, 69-75.

[5] Juan 19:5-16; 20:19; Hechos 4:26-27.

[6] Mateo 23:34-36; 24:9-13, 34 (y paralelos); Hechos 20:28-31; 1 Pedro 1:6-7; 4:12-19.

¡Todavía ahora Cristo viene a mandarles a estos cobardes discípulos que lleven el Evangelio "a todas las naciones" (Mateo 28:19), empezando en Jerusalén! (Lucas 24:47). Ahora ellos estaban siendo instruidos en el compromiso de predicar en el nombre de Cristo en Jerusalén, la capital de Israel y el sitio de la crucifixión de Cristo, y Roma, la capital de "las naciones" del Imperio romano, bajo cuya autoridad había ocurrido la crucifixión! ¿Cómo podían poner el corazón en tal prospecto tan temible? Seguramente tal cosa pondría sus vidas en la línea ante la vehemente oposición judía[7] y ante un sistema legal romano inconsistente![8] ¿Y cómo podemos esperar hoy día cualquier éxito con el Evangelio contra nuestra oposición? La oposición humanista está bien financiada, equipada adecuadamente y poderosamente situada en asientos del gobierno!

Sin embargo, un glorioso futuro es prometido por el decreto soberano de Dios a sus principios, como veremos, pues Él "trabaja todas las cosas conforme al designio de su voluntad".[9] Los discípulos en ese momento y ahora deben aprender que el Dios todopoderoso dispone todas las cosas, incluso las intenciones malvadas del hombre, para trabajar para su propia gloria final y por el bien de su pueblo redimido.[10]

Con respecto a la grandeza de esta Gran Comisión a las naciones, nuestro mandato no es "hacer ladrillos sin paja". La esperanza gloriosa "no viene con espada, ni con ejército más con

---

[7] Juan 19:6, 15; Hechos 4:17-18, 33, 7:54-58; 9:1-3; etc.

[8] Cristo fue burlado, azotado y crucificado por el procurador romano Poncio Pilato, a pesar de que este sabía que Cristo era inocente (Juan 18:38; 19:4, 6, 12).

[9] Efesios 1:11; Compare Daniel 4:35; Salmo 115:3; 135:6; Isaías 46:9,10; 55:11.

[10] Génesis 50:20; Salmo 76:10; Hechos 4:27-28; Romanos 8:28; Efesios 1:22.

mi Espíritu, dice el señor de los ejércitos" (Zacarías 4:6). Debemos saber que, de hecho, "podemos hacer todas las cosas en Cristo que nos fortalece" (Filipenses 4:13). Pues "Dios puede hacer que abunde en vosotros toda gracia, a fin de que, teniendo siempre en todas las cosas todo lo suficiente, abundéis para toda buena obra .... El que da semilla al que siembra, y pan al que come, proveerá y multiplicará vuestra sementera y aumentará los frutos de vuestra justicia (2 Corintios 9:8, 10).

En vez de un naturalismo pecaminoso, entonces, el prospecto de la victoria del Evangelio está basado en un alto sobrenaturalismo que involucra a la poderosa y penetrante influencia de la Palabra de Dios y de Cristo, la cual es "viva y eficaz, y más cortante que toda espada de dos filos; y penetra hasta partir el alma y el espíritu, las coyunturas y los tuétanos, y discierne los pensamientos y las intenciones del corazón (Hebreos 4:12). De hecho, el Evangelio de Jesucristo es el mismísimo poder de Dios para salvación; primero para los judíos y también para los griegos[11] y la Gran Comisión informa bien a los discípulos sobre esto.

La Base para la Esperanza

No trataré largamente "la base de la esperanza" pues, en esencia, ya lo hice anteriormente (Capítulo 3-4), pero necesito reintroducirla en mi tratamiento en esta coyuntura a manera de recordatorio. *La verdadera base o la esperanza gloriosa de la redención de la humanidad es la autoridad soberana de Jesucristo, el Señor de señores y Rey de reyes.*

---

[11] Romanos 1:16; 1 Corintios 1:18; 1 Tesalonicenses 1:5; 2 Timoteo 1:8.

Deberíamos recordar que la Gran Comisión empezó con esta noble declaración: "Toda autoridad me es dada en el cielo y en la tierra" (Mateo 28:18). Esa autoridad abarcaba el cielo y la tierra y está "sobre todo nombre que se nombra".[12] Cristo tiene la autoridad de llevar a cabo su voluntad entre los hombres.[13] Él tiene "toda la autoridad" de mandarles a estos frágiles, revueltos y temerosos discípulos que se comprometan con el trabajo de cambiar el mundo en la manera que Él lo desea. Además, esa autoridad involucra al Dios Trino, también, el bautismo es en "el nombre del Padre, del Hijo y del Espíritu Santo" (Mateo 28:19). ¿Qué son los poderes de los mortales o incluso el infierno en contra de tal autoridad?

El Poder de la Esperanza

Por la gracia de Dios — y solo por la gracia de Dios — somos empoderados para hacer el trabajo del Señor con la esperanza de tener éxito: "Por lo tanto, amados míos, estad firmes y constantes, creciendo en la obra del Señor siempre, sabiendo que vuestro trabajo *en el Señor* no es en vano" (1 Corintios 15:58b). Aunque débiles por nosotros mismos, se nos promete que la "gracia de Cristo es suficiente para usted, porque su poder se perfecciona en la debilidad" (2 Corintios 12:9a). *Su* poder es perfeccionado en *nuestra* debilidad. La seguridad de la sucesión del pacto a través de la Gran Comisión se concede con estas verdades en mente.

---

[12] Efesios 1:21; Filipenses 2:9; 2:10; 1 Pedro 3:22.

[13] Hechos 18:9-10; Romanos 9:19; 2 Timoteo 4:17; Apocalipsis 19:11-16.

Las palabras de autoridad expresadas por Cristo ponen el énfasis completamente en Él, a quien se le dio la autoridad. El orden exacto de las palabras de apertura en la Gran Comisión es: "Se me ha dado toda autoridad en el cielo, así como en la tierra".[14] Gramaticalmente, las palabras puestas adelante en las oraciones en griego reciben énfasis (a esto se le llama "prolepsis"); aquí estas palabras enfatizadas son: "*se me* han dado". Ahí de pie ante y con ellos en su cuerpo resucitado estaba El Mismísimo que acababa de conquistar la muerte" Al abrir Él su boca a ellos declaró que tenía la autoridad necesaria para ayudarlos, su mismísima presencia fue un objeto de lección: Él tiene autoridad para hacer lo impensable.[15]

Además, aunque regresara corporalmente al cielo pronto (Hechos 1:9), Él dejó una promesa habilitante con ellos: "Y aquí Yo estoy con ustedes, hasta el fin del mundo" (Mateo 28:20b). Él no solo captura su atención enfocando "He aquí", sino que una vez más la sintaxis griega es instructiva. El griego es una lengua de inflexión; o sea, que sus verbos no requieren pronombres para especificar su significado. En el final mismo del verbo está la idea pronombre, pero cuando los pronombres se usan con el verbo, como aquí, se está poniendo mucho énfasis en la afirmación. Como Robertson lo afirmó: "Cuando el

---

[14] Robert Young, *Young's Literal Translation of the Holy Bible* (Tercera edición: *Grands Rapids: Baker*, [1898]), Nuevo Testamento, p. 23.

[15] Hay una teoría liberal absurda de la muerte y resurrección de Cristo llamada la "Teoría del desmayo", la cual enseña que Cristo se desmayó por estar exhausto en la cruz y fue revivido por la frialdad de la tumba. Según esa, su tratamiento fue tan severo; sin embargo, que no puede haber tenido influencia en los discípulos en un cuerpo maltratado del cual Él reclamó "poseer toda autoridad en el cielo y en la tierra".

pronombre nominativo se expresa, hay una cierta continuidad de énfasis para el sujeto ya contenido en el verbo".[16] En el griego, Cristo pudo haber dicho simplemente: "Yo estoy con ustedes" (griego: *meth humon eimi*). Pero Él es más enfático; Él está determinado a remachar el clavo en estos discípulos frágiles. Aquí Él dice literalmente: "Con ustedes estoy" (griego: *ego meth humon eimi*). Como lo subraya Lenski: "*Ego* es definitivamente enfático", significando esencialmente: "'Yo mismo'". O sea, parafraseando esto de la fraseología inglesa, Él dice: "Yo mismo estoy con ustedes". La deriva es obvia: Sus dispersos y temerosos discípulos debieron haber "dejado sus ojos y sus corazones puestos en Él",[17] aquel que clama "toda autoridad en el cielo y en la tierra" y quien se levantó de la muerte estará con ellos.[18]

Los creyentes están adecuadamente empoderados para la tarea del evangelismo mundial y la labor de transformar la cultura cristiana que sigue en el sendero del evangelismo.[19] El cristiano tiene la presencia permanente del Dios resucitado de gloria[20] a través de la operación espiritual del Espíritu Santo,[21] que mora en nosotros, a quien Cristo le da "poder desde lo alto" (Lucas 24:49). El cristiano no debería leer los periódicos y temer las invasiones de varias ramas del humanismo secular en la

---

[16] A. T. Robertson y W. Hersey Davis, *A New Short Grammar of the Greek Testament* (décima edición: *Grand Rapids: Baker*, 1958), p. 264.

[17] Lenski, *Matthew*, p. 1180.

[18] Interesantemente, el Evangelio de Mateo ahora con el nombre profético de Cristo "Emanuel", el cual significa "Dios con nosotros" (Mateo 1:23). Él también promete estar con su pueblo en Mateo 18:20.

[19] Cristo fortalecerá a su pueblo para hacer su trabajo, Juan 16:33; Hechos 26:16-18; Filipenses 4:13; Apocalipsis 1:9-20.

[20] Mateo 18:20; Juan 15:18; Hechos 18:10; Gálatas 2:20; Hebreos 13:5.

[21] Juan 7:39; 14:16-18; Romanos 8:9; Juan 4:4.

historia, ya que este en todas sus manifestaciones no es más que un ídolo para destrucción.[22]

La Permanencia de la Esperanza

Y esta presencia poderosa no está limitada a la era apostólica de la Iglesia, ya que por cuarta vez en esos tres versos Él habla de "todos". En el verso 18 Él reclamó "toda autoridad". En el verso 19 Él demandó el discipulado de "todas las naciones". En el verso 20a, Él mandó que cumplieran "todo lo que Él mandara". En el verso 20b, Él prometió "estoy con ustedes 'todos los días'[23] — hasta el fin del mundo".[24]

Aquí Cristo promete que es una promesa pactual estableciendo los arreglos de sucesión. Su presencia perpetua estará con su pueblo durante el tiempo que estén en la tierra. La gramática aquí sugiere que Él estará con ellos *cada uno y todos los días,* a través de "todos los días" que vengan en su camino y debido a la magnitud de la obra hecha ante ellos — Él les mandó que "discipularan las naciones" — su segundo advenimiento, el cual cerrará la edad del Evangelio, necesariamente descansa en un futuro lejano. Como Bruce observa perceptiblemente: "Todos los días, de los cuales, es implicado, puede haber muchos; la vista del futuro está alargándose".[25] Sin embargo, las promesas

---

[22] Herbert Schlossberg, *Idols for Destruction: Christian Faith and Its Confrontation with American Society* (Nashville: Thomas Nelson, 1983).

[23] El griego traducido literalmente aquí es: *pasas tas hemeras*, "todos los días."

[24] Young, *Literal Translation*, Nuevo Testamento, p. 23.

[25] A. B. Bruce, *Englishman's Greek Testament* (Grand Rapids: Wm. B. Eerdmans, rep. 1980 [n.d.]), 1:340. Vea la expectativa de un largo período entre el primer y segundo advenimiento de Cristo en Mateo 21:33; 24:48

del Cristo resucitado: "Yo mismo", con "toda la autoridad en el cielo y en la tierra" estoy con ustedes hasta el fin distante.

La Meta de la Comisión

He mostrado que, al establecer la sucesión del pacto, el Cristo poderoso promete estar con su pueblo siempre. Pero esto solo le da un prospecto glorioso de la conversión del mundo y del futuro glorioso resultantes de esa *posibilidad* teórica. Con la presencia de Cristo la magnitud del trabajo no es tan abrumadora.

¿Pero pasará en la *actualidad*? ¿Es la evangelización del mundo entero — incluyendo virtualmente a todas las naciones de los hombres — la meta anticipada de la Gran Comisión? En un sentido importante, estamos inquiriendo la correspondencia entre la oración del Señor y la Gran Comisión: ¿Estamos orando con fe "Hágase tu voluntad en el cielo así también en la tierra" (Mateo 6:10) y luego trabajando en realidad para llevar a cabo la Comisión para "hacer discípulos a todas las naciones"?

¿Tenía razón Calvino (1509-1564) hace muchísimo tiempo cuando escribió lo siguiente con respecto a Cristo y la Gran Comisión?

Él tuvo que sostener poder supremo y verdadero para mandar, para declarar que la vida eterna era prometida en su nombre,

---

25:14, 19; Marcos 12:1; Lucas 12:45; 19:12; 20:9; 2 Pedro 3:4-9; Lucas 12:45. Un artículo útil de retraso anticipado en el segundo advenimiento de Cristo, referimos al lector una vez más a: Herbert W. Bowsher, *"Will Christ Return 'At Any Moment'?"*, *The Journal of Christian Reconstruction* 7:2 (Winter, 1981), 48-60. Vea también: Greg L. Bahnsen y Kenneth L. Gentry, Jr., *House Divided: The Break-up of Dispensational Theology* (Tyler, TX: Institute for Christian Economics, 1989), pp. 217-222.

que el mundo entero estaba sostenido bajo su influencia y que una doctrina era publicada, la cual determinaría toda esta búsqueda y llevaría a toda la raza humana a la humildad.[26]

Brevemente, ellos debían llevar a todas las naciones a la obediencia de la fe publicando el Evangelio por todos lados y que ellos deberían certificar y sellar su enseñanza con la marca del Evangelio.[27]

Estuvo el querido comentarista Matthew Henry (1662-1714) en línea con la garantía bíblica cuando parafraseó el mandato de Cristo en la Gran Comisión como sigue: "¿Hagan lo más que puedan para de hacer las naciones, naciones cristianas?"[28]

Parece indisputable que esto es precisamente lo que Cristo anticipa aquí. Tengamos en cuenta cómo esto es así.

La esperanza afirmada

Más atrás, en el capítulo cuatro, yo resalté cómo Cristo dirigió la Comisión a todas las culturas y naciones y no solo a individuos. En el capítulo cinco mostré como la misión del cuerpo de Cristo era "discipular" a aquellos a quienes se dirigía. Ahora doy un paso más adelante para considerar el hecho de que Cristo espera que todas las naciones sean convertidas y llevadas bajo su dominio lleno de gracia.

---

[26] John Calvin, *Harmony*, p. 249.

[27] *Ibid.*, p. 250.

[28] Matthew Henry, *Matthew Henry's Commentary on the Whole Bible* (Old Tappan, NJ: Fleming H. Revell, n.d. [1721] 5:446).

De nuevo debo calificar lo que estoy diciendo para disipar percepciones erróneas, *no* estoy diciendo que la suma total de la Gran Comisión esté dirigida a una renovación cultural y que todo lo demás es incidental. *La influencia inicial de la Gran Comisión necesariamente primero actúa en individuos, salvándolos de sus pecados y dándoles nuevos corazones.* Entonces, aquellos individuos que son salvos y se les han dado nuevos corazones están obligados a vivir nuevas vidas. Para todos los cristianos las Escrituras mandan "debemos trabajar nuestra propia salvación con temor y temblor; porque Dios es el que en vosotros produce así el querer como el hacer por su buena voluntad" (Filipenses 2:12b-13). Los cristianos deben llevar cautivo todo pensamiento a la obediencia de Cristo (2 Corintios 10:5). La transformación cultural cristiana necesariamente demanda la salvación de multitudes de individuos en amplia escala. Implicada en la renovación cultural está la salvación personal.[29]

Después de haber notado brevemente lo anterior, ahora vuelvo a las palabras de la Gran Comisión como en realidad fueron pronunciadas por nuestro Señor. La porción relevante del mandato de Cristo es realmente bastante clara: "*discipulad todas las naciones, bautizándolas en el nombre del Padre, del Hijo y*

---

[29] Dos de los más prolíficos escritores que abogan por transformación cultural son Rousas J. Rushdoony y Gary North. Aunque en los masivos *Institutos de la Ley Bíblica* de Rushdoony, la regeneración es frecuentemente establecida como la precondición para tener éxito en el esfuerzo. R. J. Rushdoony, *The Institutes of Biblical Law* (Vallecito, CA: Ross House, [1973]), pp. 113, 122, 147, 308, 413, 627, 780. En los trabajos de North esto mismo es cierto. Gary North, *Political Polytheism: The Myth of Plurality* (Tyler, TX: Institute for Christian Economics, 1990), pp. 133, 157, 585-586, 611.

del Espíritu Santo". Lo que Él espera del discipulado exitoso de todas las naciones, puede ser apoyado en las siguientes bases: *Primero*, la estructura gramatical del mandato espera conversiones mundiales. El verbo griego *mathetuo* ("discipular") aquí está en voz activa y está seguido por un sustantivo en caso acusativo, *ethne* ("naciones"). Además, es importante entender que este verbo *mathetuo* es "normalmente un verbo intransitivo [pero es] usado aquí transitivamente".[30] O sea, *mathetuo* transfiere su acción (discipular) a su objeto directo (naciones). *Mathetuo* aparece solo dos veces en el Nuevo Testamento en la voz activa y empareja con un acusativo, aquí y en Hechos 14-21.[31] El pasaje de Hechos ayuda a entender el significado de la estructura gramatical.

En Hechos 14:21 leemos: "Y después de anunciar el Evangelio y de *hacer muchos discípulos*, volvieron a Listra, Iconio y Antioquía".[32] Aquí es evidente para todos que los "muchos" han sido "discipulados". ¿Quién disputaría la clara afirmación de que los apóstoles en realidad "discipularon" a (la voz activa de *mathetuo*) los "muchos" expresamente mencionados? Y esta misma relación gramatical aparece en Mateo 28:19, donde leemos el mandato: "*discipulad* a todas las *naciones*" ¿Cómo es que algunos no entienden el mandato de Cristo de involucrarse en el *discipulado presente* de "todas las naciones"? ¿No está la palabra "naciones" en el caso acusativo

---

[30] D. A. Carson, "Matthew", en Frank E. Gaebelein, ed., *The Expositor's Bible Commentary* (*Grand Rapids*: *Regency Reference Library*, 1984), 8:595.

[31] A. T. Robertson, *A Greek Grammar in the Light of Historical Research* (Nashville: Broadman, 1934), p. 475.

[32] Robert Young, *Young's Literal Translation of the Holy Bible* (Grands Rapids: Baker, [1898]), Nuevo Testamento, p. 94.

y por lo tanto es el objeto directo del discipulado de la Iglesia?

Además, Lenski declara de este mandato de discipular: "este imperativo, por supuesto, significa 'convertir en discípulos', y su forma (tiempo) aorista conlleva el pensamiento de que es en realidad algo por hacerse".[33]

Segundo, el significado léxico del término *mathetuo* apoya la enseñanza de las expectativas de las conversiones mundiales. Como lo mencioné anteriormente en otro contexto, el verbo griego *mathetuo* no significa simplemente "testificar", involucra llevar a la o las personas bajo la influencia autoritaria y la instrucción del que discipula. Conlleva la real formación de un discípulo para Cristo.

Tercero, el mandato suplementario y el mandato coordinado anticipa las conversiones mundiales. Es evidente que el mandato de discipular en realidad espera las conversiones y entrenamiento de las naciones, para que luego estos puedan ser bautizados: "haced discípulos a todas las naciones, bautizándolas" (griego: *autous*). De acuerdo con el mandato de Cristo, aquellos que son discipulados deben ser bautizados, cuya acción retrata claramente la llegada bajo la autoridad del Dios Trino, convertirse en cristianos.[34] En el griego original, el pronombre plural *autous* ("ellos") se remonta al sustantivo plural *ethne* ("naciones"). Se espera que las *naciones* lleguen a ser cristianas por medio del discipulado y que sean marcadas bajo el gobierno de Dios por el bautismo.

Hay algunos que intentan evitar este punto argumentando que el pronombre "ellos" no se refiere a las "naciones", sino a

---

[33] Lenski, *Matthew*, p. 1172.
[34] Vea la discusión de "bautizar en el nombre" (Mateo 28:19), pp. 81-84.

aquellos que son hechos discípulos.[35] Ellos sugieren que no son las naciones en sí mismas, sino individuos entre las naciones quienes serán bautizados. Ellos lo hacen porque el pronombre que se encuentra aquí, *autous* ("ellos") está en la forma masculina, mientras que el sustantivo *ethne* ("naciones") es un sustantivo neutro. Normalmente los pronombres concuerdan en género con los sustantivos que los anteceden. La idea remitida es que la forma sustantiva del verbo "discipular" es *mathetuo*, la cual está en género masculino.

Esta visión no parece tener suficiente mérito; sin embargo, para adoptarla requiere la lectura de un sustantivo ("discípulo") donde en realidad aparece un verbo ("discipular") y lo hace así a pesar de ser un sustantivo antecedente adecuado presente, el cual está separado del pronombre por solo una palabra.[36] También estira la regla general más de lo necesario. La *gramática* Winer afirma: "es una peculiaridad de los pronombres, ya sea demostrativos o relativos, que pocas veces toman un género diferente del de los sustantivos a los que se refieren, habida cuenta del *significado* de los sustantivos no del sexo gramatical... como Mateo 28:19"...[37] Robertson dogmáticamente afirma: "En Mateo 28:19 se refiere a *ethne*".

---

[35] Carson, "Matthew", EBC 8:597.

[36] La porción relevante del griego de Mateo 28:19 es: *matheteusate panta ta ethne, baptizontes autous*, "discipulad a todas las naciones" (*ethne*), bautizándolos (*autous*).

[37] George Benedict Winer, *A Grammar of the Idiom of the New Testament*, revisado por Gottlieb Lunemann (séptima edición: Andover: Warren F. Draper, 1886), sec. 21-2, p. 141.

Él, también, señala que "los pronombres personales se usan libremente de acuerdo con el sentido".[38] Lenski concurre.[39] El discipulado es de "todas las naciones" (Mateo 28:19a). La predicación del arrepentimiento es para "todas las naciones" (Lucas 24:47). ¿Por qué no deberían ser bautizadas todas las naciones (Mateo 28:19b)? De hecho, ¿no esperaban los profetas del Antiguo Testamento esto? Por ejemplo, las profecías de Isaías 52:12-15 de Cristo:

> He aquí que mi siervo será prosperado,
> Será engrandecido y exaltado,
> Y será puesto muy en alto.
> Como se asombraron de ti muchos, de tal manera fue
> desfigurado de los hombres su parecer,
> Y su hermosura más que la de los hijos de los hombres.
> Así *asombrará* Él *a muchas naciones*;
> Los reyes cerrarán ante Él la boca". (Énfasis añadido.)

Cuarto, la escatología de la Escritura en otra parte espera conversiones mundiales. Aunque el espacio prohíbe nuestra discusión completa de la evidencia, seleccionaré solo dos clases de evidencias para el discipulado y el bautismo — la cristianización — del mundo.[40]

---

[38] Robertson, *Historical Grammar*, p. 684. Él enlista los siguientes ejemplos en los cuales el pronombre personal *autos* se refiere de nuevo a pronombres no personales: el "mundo" (2 Corintios 5:19), una "ciudad" (Hechos 8:5), una "multitud" (Marcos 6:64) y el "incircunciso" (Romanos 2:26).

[39] Lenski, *Matthew*, p. 1179.

[40] Para una discusión completa vea: Greg L. Bahnsen y Kenneth L. Gentry, Jr., *House Divided: The Break-up of Dispensational Theology* (Tyler, TX: Institute for Christian Economics, 1989), pp. 139-286. También vea: Roderick Campbell, *Israel and the New Covenant* (Tyler TX: Geneva Divinity School Press, 1983 [1954]); David Chilton, *Paradise Restored* (Ft. Worth: Dominion, 1985); John Jefferson Davis, *Christ's Victorious*

La presencia y los prospectos del reino de Cristo. Que el reino de Cristo está poderosamente presente y creciendo en influencia es evidente sobre los siguientes puntos:

1. El *tiempo* del reino vino en el ministerio de Cristo: "El tiempo se ha cumplido y el reino de Dios se ha acercado" (Marcos 1:14-15).[41]

2. El reino fue declarado presente y en operación durante su ministerio: "Pero si yo por el espíritu de Dios echo fuera demonios, ciertamente ha llegado a vosotros el reino de Dios (Mateo 12:28).[42]

3. En el tiempo de vida de sus oyentes mostraría su poder: "De cierto os digo que hay algunos de los que están aquí, que no gustarán la muerte hasta que hayan visto el reino de Dios venido con poder (Marcos 9:1).[43]

4. Cristo está incluso ahora en el trono de Dios gobernando y reinando sobre su reino: "Al que venciere, le daré que se siente conmigo en mi trono, así como Yo he vencido, y me he sentado con mi Padre en su trono" (Apocalipsis 3:21).[44]

5. Su gobierno crecerá hasta abarcar el mundo entero, hasta que haya derrotado toda oposición: "Él, habiendo ofrecido una vez para siempre un solo sacrificio por los pecados, se ha sentado a la diestra de Dios, de ahí en adelante esperando

---

Kingdom: Postmillennialism Reconsidered (*Grand Rapids: Baker*, 1986). Consulte también las teologías sistemáticas de Charles Hodge, A. A. Hodge, W. G. T. Shedd y Robert L. Dabney.

[41] Vea también: Mateo 3:2; 4:17. Compare con Lucas 4:16-21; Gálatas 4:4; 2 Corintios 6:2.

[42] Vea también: Mateo 11:11-14; 12:28; Lucas 11:20; 16:16; 17:20-21.

[43] Vea también: Mateo 16:18, 19; 26:64.

[44] Hechos 2:29-36; Romanos 8:34; Efesios 1:20-23; Filipenses 2:8-11; Hebreos 1:3, 13; 1 Pedro 3:22; Apocalipsis 1:5-6.

hasta que sus enemigos sean puestos por estrados de sus pies" (Hebreos 10:12-13).[45] *El diseño y los resultados de la redención de Cristo.* Es evidente por el récord del Nuevo Testamento que el diseño de Cristo en la salvación fue asegurar la redención del mundo, como lo mostré anteriormente.[46]

1. Él murió para redimir al "mundo". La palabra griega para el "mundo" (*kosmos*) significa el mundo como el sistema de hombres y cosas. Dios creó este mundo de hombres y cosas; Cristo ha venido a redimirlo y a llevarlo de nuevo a Dios. "Porque no envió Dios a su Hijo al mundo para condenar al mundo, sino para que el mundo sea salvo por Él" (Juan 3:17).[47]

2. Él murió con la expectativa de llevar a "todos los hombres" a Él mismo: "Y yo, si fuera levantado de la tierra,

---

[45] Vea también: Mateo 13:31-33; Corintios 15:20-26; Hebreos 1:13; 10:12-13. Hal Lindsey disputa el uso de Mateo 13:33 en esta conexión: Algunos "tratan de hacer el símbolo de *levadura* en esta parábola como referido al reino de Dios y como este se propagará para dominar sobre la tierra. Sin embargo, hay un gran problema con esa interpretación — *levadura* en la Biblia es *siempre usada como símbolo de explosivo poder de propagación de la maldad.* Nunca se usa como símbolo de lo bueno". Lindsey, *Holocaust*, p. 47. Sin embargo, hay tres "grandes problemas" con la interpretación de Lindsey: (1) La levadura no *explota*; baja de espacio y sutilmente. (2) Se usa en algunas ofrendas a Dios en el Viejo Testamento y de fijo no representa un regalo malvado a Dios (Levítico 7:13 y 23:7). (3) Es absurdo decir que Cristo predicó que "el reino del cielo es como lo *malvado* (levadura)!"

[46] Vea abajo, páginas 60-62, para una exposición más completa de estos puntos.

[47] Vea también Juan 1:29; 1 Juan 2:2; 4:14; 2 Corintios 5:19. Vea: B. B. Warfield, "Christ the Propitiation for the Sins of the World", ed. Por John E. Meeter, en *The Selected Shorter Writings of Benjamin B. Warfield* (Nutley, NJ: *Presbyterian and Reformed*, 1970 [1915]), 1:23.

a todos atraeré a Mí mismo (Juan 12:31).[48] Cristo es llamado "el Salvador del mundo", por su diseño comprensivo y la influencia masiva de sus tareas de redención. La Gran Comisión es el medio por el cual Dios atraerá a todos los hombres a Cristo.

La esperanza negada

A pesar de la clara afirmación de la Gran Comisión, hay cristianos evangélicos de influencia, quienes de alguna manera pasan por alto lo que parece muy obvio. En una discusión académica que se desarrolló durante esta pregunta entera, algunos evangélicos mantuvieron "la inutilidad de tratar de cambiar el mundo en la edad presente".[49] El teólogo dispensacional Harold Hoehner contestó contra la esperanza postmilenialista: "Simplemente no puedo aceptar su presuposición básica de que podemos hacer cualquier cosa significativa para cambiar el mundo".[50]

Otro evangélico, Albert Dager, ha declarado: "'Discipular a todas las naciones', o, 'hacer discípulos [de] todas las naciones', no significa que cada nación completa un día va… entender los caminos de la Verdad. La Gran Comisión requiere que vayamos a todas las naciones y discipulemos 'a todo aquel' que se vaya a salvar".[51] Es interesante notar que para descontar a la expectativa gloriosa de la Comisión, Dager tiene que importar

---

[48] Vea también: 1 Timoteo 2:6.

[49] Citado por Randy Frame, "Is Christ or Satan Ruler of This World?" *Christianity Today*, 34:4 (5 de marzo, 1990) 42.

[50] *Ibid.*, p. 43.

[51] Albert James Dager, "Kingdom Theology: Part III", *Media Spotlight* (Enero-Junio, 1987), p. 11.

palabras al texto. Las siguientes palabras italizadas muestran sus adiciones textuales: "haced discípulos [*de*] todas las naciones", "id *a* todas las naciones" y "discipulad a '*todo el que quiera*'". Cristo simplemente dice: "haced discípulos a todas las naciones" sin todos los adornos. El asunto básico es este: discipular (disciplinar) a las naciones significa *extender la autoridad del reino de Dios en la historia*.

Un libro reciente evangélico intenta un fuerte caso en contra del significado obvio de la Gran Comisión, un caso que forma, en esencia, el punto entero de ese libro. El escritor popular Hal Lindsey asalta vigorosamente la mismísima interpretación de la Gran Comisión, la cual estoy sugiriendo. Él cita la Gran Comisión con observaciones de traducción y luego comentarios de estas observaciones: "Id y haced discípulos de [griego = de] todas las naciones [*ta ethne* en griego=los gentiles] bautizándolos…. Nada en los pasajes de esta Gran Comisión implica que convertiremos al mundo y lo dominaremos".[52]

Luego, después de citar a los postmilenialistas que ven la Comisión como yo la estoy presentando, él comenta:

> Ellos interpretan el mandato "hacer discípulos a todas las naciones" como la cristianización de la sociedad y la cultura, y la toma sistemática de todos los gobiernos[53] y del mundo.

---

[52] Hal Lindsey, *The Road to Holocaust* (New York: Bantam, 1989), p. 49 (es su énfasis).

[53] Su afirmación va demasiado lejos aquí con un adorno que suena algo extremo: "Una toma de control sistemática de todos los gobiernos del mundo". Eso suena militar y revolucionario — especialmente debido a que este libro se abre con una cita de Adolf Hitler. Nuestra visión es de la victoria redentora y llena de gracia del Evangelio de Cristo sobre hombres y naciones, no una revolución armada.

Hay una razón muy importante, además de las mencionadas anteriormente, por la que esta interpretación no se puede apoyar desde la Biblia. El texto griego original de Mateo 28:19 no permitirá esta interpretación. La construcción genitiva significa "una parte de un todo". El término "naciones" es la misma palabra griega (*ethne*) tratada en el capítulo cuatro ....

Nunca ha habido ni nunca habrá una nación totalmente cristiana *hasta* que Cristo personalmente reine sobre la tierra.[54]

En respuesta, afirmo que hay una razón muy importante por la que la interpretación de Lindsey no se sostiene: Definitivamente no hay caso *genitivo* "naciones" en Mateo 28:19! Si no hay genitivo, no puede haber "construcción genitiva". Lo que él piensa que es genitivo en realidad es un acusativo, con el cual él nos acusa. En consecuencia, su "razón más importante" es una ficción de su imaginación. Además, las Escrituras que he citado antes esperan un mundo cristiano como resultado de la promoción del Evangelio de Jesucristo.

Donald G. Barnhouse, un precursor dispensacionalista de Lindsey, Hunt y otros citados aquí, está de fijo equivocado cuando él presiona el punto del estatus de una minoría perpetua para el cristianismo. Él intenta hacerlo basado en una afirmación en Hechos 15:14: "Entonces juntos, ellos quieren 'llamar fuera de', para tomar algo de su entorno, esto es lo que Dios hace. Él se agacha y saca a un pueblo. Dios no va a salvar a todos en Filadelfia o Nueva York o en San Francisco, o en el Rocktown

---

[54] *Ibid.*, p. 277

Center o en cualquier otro lugar. No, Dios dice: 'Yo' salvo a este y a ese, y aquellos y a esta persona y a ese individuo'".[55]

Pero entonces ¿qué hace que Él sea el Salvador del mundo (Juan 4:42) y de todos los hombres (Juan 12:32)? ¿Por qué Él nos mandó a "discipular a *todas las naciones* y bautizarlas" (Mateo 28:19)?

House e Ice afirman de varias comisiones de la post resurrección de Cristo: "No hay lenguaje o tono en ninguno de estos pasajes que apoyen la noción de cristianizar al mundo".[56] Pero como lo he mostrado, ese es precisamente el "lenguaje" y el "tono" de la Gran Comisión. Es interesante que estos escritores dispensacionalistas[57] estén en desacuerdo con otros dispensacionalistas que vehementemente discuten que la Gran Comisión involucra el mismísimo discipulado de las naciones. El dispensacionalista W. H. Griffith Thomas escribe:

> La frase inglesa: "Haced discípulos de todas las naciones" es ambigua, para hacerlo más literal al griego, es más bien, "haced todas las naciones discípulas" y no "haced discípulos de todas las naciones", así que la Gran Comisión abraza naciones enteras más que individuos entre ellas (confrontar con Hechos 14:21, lo cual significa que los apóstoles "hicieron a mucha gente discípula") ....

- - - - - -

[55] Donald Grey Barnhouse, *Acts: An Expositional Commentary* (Grand Rapids: Zondervan, 1979), p. 137.

[56] H. Wayne House y Thomas D. Ice, *Dominion Theology: Blessing or Curse?* (Portland, OR: *Multnomah*, 1988), p. 152.

[57] Para una definición de "postmilenialismo", vea el capítulo 11.

Mateo da objetivo y alcance a la Gran Comisión, y pasajes como Hechos 14:21 y 15:14 resultados reales.[58]

Ni los amilenialistas[59] son inmunes de lavar la victoria inherente de la Gran Comisión ni en otra parte en la Escritura. Un excelente tratado llamado *Evangelismo Centrado en Dios*, escrito por el teólogo reformado R. B. Kuiper, no ve la victoria final del pre segundo advenimiento para la Gran Comisión: "Jesús con la parábola de la semilla de mostaza y la levadura (Mateo 13:31-33) enseña que el crecimiento del reino de Cristo y el crecimiento del reino de Satanás está patentemente implícito en la consulta quejumbrosa del Salvador: '¿Cuando el Hijo del hombre venga, encontrará fe en la tierra?' Ese proceso doble [del crecimiento concurrente del reino de Cristo y de Satanás] está ejemplificándose en eventos actuales. Las naciones paganas están siendo cristianizadas lentamente, mientras que las naciones cristianas están volviendo al paganismo".[60]

Igualmente, Anthony Hoekema escribe: "Junto al crecimiento y el desarrollo del reino de Dios en la historia del mundo desde la venida de Cristo, también vemos el crecimiento y el desarrollo del reino de la maldad".[61] Y en respuesta a la interpretación postmilenalista de Mateo 28:18-20, como lo expone Loraine Boettner,[62] Hoekema discute: "La clara implicación de [Mateo 13:36-43] es que el reino de Satanás, si

---

[58] W. H. Griffith Thomas, *Outline Studies in the Gospel of Matthew* (Grand Rapids: Eerdmans, 1961), pp. 464, 465.

[59] Para una definición de "amilenialismo", vea el Capítulo 11.

[60] R. B. Kuiper, *God-Centered Evangelism* (Grand Rapids: Baker, 1961), p. 209.

[61] Anthony Hoekema, *The Bible and the Future* (Grand Rapids: Wm. B. Eerdmans, 1979), p. 35 (compare 68, 70n, 118-119, 134, 136).

[62] *Ibid.*, p. 177.

lo podemos llamar así, continuará existiendo y creciendo siempre y cuando el reino de Dios crezca, hasta que Cristo regrese. El Nuevo Testamento da indicaciones de la fuerza continua de ese 'reino de la maldad hasta el fin del mundo'".[63] Hendrikus Berkhof también postula un desarrollo paralelo del bien y el mal.[64]

Conclusión

Debemos hacernos preguntas importantes con respecto a las expectativas de la Gran Comisión, por ejemplo ¿Debido a que la Gran Comisión es una obligación pactual, no tiene arreglos apropiados de sucesión, los cuales están designados para asegurar su continuidad y cumplimiento? ¿Deberíamos considerar cuál es más fuerte, la depravación pecaminosa o la redención llena de gracia?[65] ¿No es el Evangelio "el poder de Dios para salvación" (Romanos 1:16)? ¿Tiene Satanás una gran comisión igualmente? ¿Está Cristo luchando para hacer un empate hasta el último momento de la historia? ¿Prevalecerá el Anticristo en la mismísima historia, en la cual Cristo entró y comisionó a su Iglesia?[66]

---

[63] *Ibid.*, p. 180.

[64] Hendrikus Berkhof, *Christ the Meaning of History*, traducción de la cuarta edición, por Buurman (*Grand Rapids: Baker*, 1979 [1966]), pp. 177-178.

[65] Pregúntese lo siguiente: ¿Alguna de esta gente perdida ha sido salva? Luego pregúntese: ¿Alguno de los salvos ha estado perdido? Ahora compare las preguntas para determinar que es más fuerte, la gracia o el pecado.

[66] Vea Norman Shepherd, "Justice to Victory" en *The Journal of Christian Reconstruction 3:3* (Winter 1976-77) 6-10.

Toda esta forma de pensar no postmilenialista encalla en la mismísima grandeza de la Gran Comisión, ya que en ella encontramos una expectativa vívida de una conversión del Evangelio inducida del mundo, una expectativa completamente compatible con la enseñanza de la Escritura en todas las secciones. Una anticipación que no requiere de una lectura de palabras en el texto. Una gloriosa esperanza que está completamente conmensurada con la autoridad disponible y la meta fijada.

PARTE III

APLICACIONES

8

LA IGLESIA Y LA GRAN COMISIÓN

"Y sometió todas las cosas bajo sus pies, y lo dio por cabeza sobre todas las cosas de la iglesia la cual es su cuerpo, la plenitud de aquel que todo lo llena en todo" (Efesios 1:22-23).

Como lo señalé anteriormente, toda verdad teológica bíblica necesariamente tiene aplicaciones prácticas. La Biblia es la Palabra de Dios dada para dirigirnos en el camino de la justicia.[1] En la vida cristiana, la teoría es la base de la práctica, o para ponerlo en términos bíblicos, la verdad es la base de la santificación: "Santifícalos en tu verdad; tu palabra es verdad (Juan 17:17).

---

[1] Salmo 119:105; Isaías 2:3; Mateo 7:24; Santiago 1:22.

Dios ha ordenado tres instituciones básicas en la sociedad: la Iglesia, la familia y el Estado.[2] Un entendimiento bíblico de sus papeles respectivos y relaciones es fundamental para desarrollar una visión de mundo cristiana. El cumplimiento de la Gran Comisión en la historia requerirá no solo de un correcto *entendimiento* de cada una de estas instituciones, sino también del *involucramiento* en cada una.

Ahora voy a pasar a considerar brevemente unas pocas directrices prácticas para promover las verdades contenidas en la Comisión. ¿Cuáles son entonces, algunas aplicaciones iniciales, prácticas de la Gran Comisión para cada una de las tres instituciones fundamentales? En este capítulo, me enfocaré en la Iglesia.

En 1981 la Asociación de Iglesias Reformadas publicó un capítulo adicional propuesto a su declaración confesional. Ese capítulo se tituló "De la Misión Cristiana". El párrafo cuatro de esa revisión se lee:

Como ministerio de adoración, la misión de la Iglesia es organizar la adoración comunal de los santos. Como ministerio de gracia redentora, a la Iglesia se le ha dado la misión de llamar a los hombres de nuevo a total compañerismo con el Creador. La Iglesia proclama la Palabra de Dios. A aquellos fuera del reino, los llama al arrepentimiento y la fe en Jesucristo. Aquellos dentro, ella los llama a la obediencia y el crecimiento en gracia en cada esfera de la vida. Aunque la Iglesia no debe usurpar deberes del estado y la familia, debe testificar proféticamente a aquellos

---

[2] Vea Gary North, *The Sinai Strategy: Economics and the Ten Commandments* (Tyler, TX: *Institute for Christian Economics*, 1986), capítulo 3: "*Oaths, Covenants, and Contracts*".

que laboran en esas instituciones, llamándolos en el nombre de Dios a conformar sus labores a los requisitos de la Escritura....

Debido a que Cristo le ha prometido a su reino un futuro glorioso, cuando todas las naciones fluirán a la casa del Señor, el crecimiento de la Iglesia es por lo general esperado. Este crecimiento, sin embargo, debe ser cumplido no a través de medios que pueden llegar a la mano, sino solo por medios que se relacionen con la Santa Escritura.[3]

El Problema que Enfrentamos

Con toda la reciente publicidad negativa con respecto a las fechorías de ciertos tele evangelistas y las distorsiones teológicas de otros, la Iglesia de Jesucristo está sufriendo una crisis de credibilidad e integridad.[4] Pero la deserción de la asistencia de la iglesia no empezó a finales de los años 80 con aquellos hombres errantes, ha sido un problema por décadas en Estados Unidos.

Muchos cristianos ven a la iglesia como opcional en la vida cristiana hoy día. Muchos que profesan ser cristianos saben muy poco del compromiso devoto a Cristo.[5] Ellos parecen estar

---

[3] "Of the Christian Mission" en *The Failure of the American Baptist Culture*, volumen 1 de *Christianity and Civilization* (Tyler, TX: Geneva Divinity School, 1982), pp. 95-96

[4] Mike Horton, ed., *The Agony of Deceit: What Some Tv Preachers Are Really Teaching* (Chicago: Moody, 1990). James R. Goff, Jr., "The Faith that Claims", *Christianity Today* 34:3 (19 de febrero, 1990) 18-21.

[5] Ryrie está preocupado por la doctrina del señorío enseñado por John MacArthur, otros y yo, cuando él pregunta: "¿dónde no hay lugar para cristianos carnales?" Charles C. Ryrie, *Balancing the Christian Life* (Chicago: Moody, 1969), p. 170. Vea: John F. MacArthur, Jr., *The Gospel*

inadvertidos de las demandas de la Gran Comisión con respecto al discipulado. ¿Cuál, entonces, debería ser la aproximación cristiana a la iglesia, al someterse a Cristo bajo la Gran Comisión?

Principios de la Iglesia Pactual

1. *Compromiso con la iglesia local*. Un aspecto principal e indispensable de nuestro compromiso con Cristo involucra nuestra membresía en ella, adoración en ella y el servicio a través de la iglesia local. La asistencia y la membresía se esperan y son obligatorias en varios campos: (a) Cristo establecía la Iglesia como una parte de su plan en curso para su pueblo.[6] (b) Cristo murió por su Iglesia, con lo cual evidenció un gran amor y preocupación por ella.[7] (c) La iglesia es el lugar central que Dios ha ordenado para tener compañerismo y servicio cristiano.[8] (d) La asistencia a la iglesia nos pone bajo el ministerio de la doctrina para nuestro crecimiento espiritual.[9] (e) Cristo les ha ordenado a los oficiales de su Iglesia que gobiernen a su pueblo.[10] (f) Cristo le ha dado poder espiritual

---

According to Jesus (Grand Rapids: Zondervan, 1988) y Kenneth L. Gentry, Jr., *"The Great Option: A Study of the Lordship Controversy"*, *Baptist Reformation Review* 5:52 (*Spring*, 1976), pp. 40.

[6] Mateo 16:18; Hechos 20:29; Efesios 2:19-22; 1 Pedro 2:5-9.

[7] Juan 15:10; Hechos 20:29; Efesios 5:25.

[8] Hechos 2:42; Romanos 12:3-16; 1 Corintios 12:13; Gálatas 6:1-6.

[9] Efesios 4:11-14; 1 Timoteo 4:13; 1 Pedro 2:1-3.

[10] Hechos 6:1-6; 13:1-3; 15:1-32; 20:28; 1 Timoteo 3:1-13; Tito 1:1-9; 1 Pedro 5:1-5.

disciplinario a los oficiales por el bien de su pueblo.[11] (g) Dios le ha dado los sacramentos solo a la Iglesia.[12] La cena del Señor específicamente está designada para la comunión corporal entre el pueblo de Dios.[13] (h) Dios claramente nos manda no dejar de asistir a la iglesia.[14]

2. *Compromiso con la alabanza.* Cristo espera que su gente lo adore en espíritu y en verdad (Juan 4:24), corporalmente en la fraternidad del pueblo de Dios.[15]

La adoración es el más alto llamado para el hombre, debe ser genérica y específica; o sea, la adoración debe estar comprometida en la vida cotidiana,[16] así como en un ejercicio específico, formal del día del Señor.[17] Los diferentes elementos de la adoración cristiana deben estar relacionados con el corazón completo, el alma, la mente y la fuerza (Marcos 12:30), no mientras estén dormidos, en un trance, o inquietos mientras se preguntan sobre el almuerzo. La manera de adorar es legislada por Dios en la Escritura; debemos aproximarnos al Pacto de Dios en sus términos (Levítico 10:1,2). Himnos, oraciones, ofrendas, exhortaciones, confesiones, lectura de Escritura, sermones y otros aspectos de adoración no se deben realizar por mero reflejo. Ellas deben estar comprometidas con devoción para el

---

[11] Mateo 18:15-20; 1 Corintios 5:1-5; 1 Tesalonicenses 5:13-14; Hebreos 13:17.

[12] Mateo 28:18-19; Hechos 20:7; 1 Corintios 11:23.

[13] Hechos 20:7; 1 Corintios 10:16-17; 11:20-34.

[14] Hebreos 10:24, 25; 1 Corintios 12:12-25. Vea el simbolismo de la unidad sistemática en Juan 15:1; Efesios 2:19-22; 1 Pedro 2:5-9.

[15] Hechos 1:14; 2:42; Deuteronomio 12:32; Hechos 17:25; Vea también: Paul E. Engle, *Discovering the Fullness of Worship* (*Philadelphia: Great Commission Publications,* 1978).

[16] Romanos 12:1-2; 1 Corintios 10:31.

[17] Hechos 20:7; 1 Corintios 11:26; Hebreos 10:25.

Señor; o sea, debemos recordar que Cristo está con nosotros "todos los días" (Mateo 28:20) — incluyendo cuando adoramos.

Debemos regocijarnos en el bautismo de nuevos convertidos, como un aspecto de nuestra adoración y al testificar del discipulado de las naciones (Mateo 28:19).

3. *Entrenarse en la Verdad.* El cristiano debería buscar una iglesia que promueva una buena doctrina y el desarrollo de una visión del mundo cristiano basada en la enseñanza bíblica.

La iglesia debería ser una comunidad de pacto de hermandad, comprometida con los credos históricos de la fe cristiana (el Credo de los Apóstoles, el Credo de Nicea, etcétera).[18] No debería estar asociada con el concilio nacional o mundial de iglesias. Debería tener un programa sólido educacional.

La fe cristiana fragmentada tan ampliamente hoy día no mide el llamado a discipular hacia una cultura cristiana (Mateo 28:19). La iglesia debería entrenar activamente a la gente a someterse a la autoridad de Cristo (Mateo 28:18) y a trabajar (Mateo 28:19-20). Como oficial guía en la Iglesia, Pablo estaba interesado en promover "el consejo completo de Dios" (Hechos 20:27).

Varios programas se podrían usar para promover la educación en la verdad.[19] Esto incluye: entrenamiento catequético, una biblioteca de la iglesia, un libro del mes de un grupo pequeño del programa de compañerismo y discusión del

---

[18] Vea R. J. Rushdoony, *The Foundations of Social Order: Studies in the Creeds and Councils of the Early Church* (*Fairfax: VA: Thoburn,* 1968) y Kenneth L. Gentry, Jr., *The Usefulness of Creeds* (Mauldin, *SC: GoodBirth,* 1980).

[19] Un excelente recurso y libro de ideas es Gary North, *Backward Christian Soldiers: An Action Manual for Christian Reconstruction* (Tyler, TX: Institute for Christian Economics, 1984).

mes,[20] un seminario teológico local para miembros y la comunidad,[21] o la configuración de o el apoyo de una escuela cristiana ya establecida.[22]

4. *Entrenamiento en jerarquía pactual.* La iglesia debe estar compuesta por un sistema de cortes designadas para ubicar responsabilidad y resolver problemas, así como el pueblo de Cristo tiene la autoridad de ministrarlos.

Las influencias del espíritu democrático y del voluntariado están vivas y en buena condición en el cristianismo americano y es desafortunado. La Iglesia del Señor muchos la ven como muchas islas en el curso de la historia, desconectadas, sin conexión. Afirmaciones atrevidas de independencia son orgullosamente exhibidas en miles de señales de la Iglesia a lo largo de la tierra.

Aunque la Escritura ha ordenado un gobierno pactual de jerarquía elegida en la Iglesia — una regla estampada en la revelación del Antiguo Testamento (Éxodo 18:19-23; Deuteronomio 1:13-15). En el Antiguo Testamento los diáconos poseían autoridad jurisdiccional (Éxodo 12:21, compare con v. 3)[23] y eran organizados en niveles graduados de cortes (Deuteronomio 1:15). La oficina de gobierno del Nuevo

---

[20] Podría ser beneficioso que los participantes leyeran: Mortimer Adler y Charles Van Dorenen, *How To Read a Book* (edición revisada: New York: Simon y Schuster, 1972 [1939]).

[21] *Whitefield Theological Seminary* (P. O: Box 6321, Lakeland, Florida 33807) tiene un programa que está designado a operar en comunidades locales.

[22] Robert Thoburn, *How to Establish and Operate a Successful Christian School* (Fairfax, VA: Thoburn, 1975).

[23] Vea también: Números 35:12, 24 (compare con Josué 20:4); 2 Samuel 5:3 (compare con v 1).

Testamento en la Iglesia incluso adopta el mismo nombre como la oficina del Antiguo Testamento: diácono (1 Timoteo 3:1).[24] Necesitamos enseñarles a nuestras iglesias del sistema de gobierno pactual ordenado divinamente en la Iglesia. En el Nuevo Testamento, cada iglesia debía tener una pluralidad de diáconos (Hechos 14:23; Tito 1:5). Los diáconos del Nuevo Testamento estaban investidos con una autoridad gubernamental real no ejercida por la congregación en general, como lo indica lo siguiente: (1) Aunque es Cristo quien al final "construye" su Iglesia, les dio las llaves a sus hombres para ejercitar la autoridad "de unión" (Mateo 16:18-19). (2) Hay un regalo de gobierno dado a algunos, no a todos los cristianos (Romanos 12:6-8; 1 Corintios 12:28). (3) Títulos expresivos de poder autoritario se les dan a algunos, no a todos los cristianos (1 Timoteo 3:1, 2, 6; 5:19). (4) El oficio se concede por cita divina y entró por rito solemne; no automática con la conversión (1 Timoteo 4:14; 5:22). (5) Las funciones de oficina expresan autoridad real (Hechos 20:28).[25]

Esta autoridad jerárquica es graduada en unas cortes más bajas y más altas, que tienen autoridad sobre congregaciones individuales y múltiples. La ilustración clásica de esto se encuentra en Hechos 15. Allí descubrimos a la Iglesia funcionando jerárquicamente para resolver una disputa doctrinal en una iglesia particular en Antioquía (Hechos 15:1,2). El asunto fue enviado por representantes a un juicio ante un consejo

---

[24] "Anciano" aparece 100 veces en el Antiguo Testamento y 31 veces en el Nuevo Testamento.

[25] Vea también: 1 Timoteo 3:5; 5:17; Pedro 5:1,2.

conjunto en Jerusalén (Hechos 15:4-19).[26] La conclusión de esta acción judicial no local fue reenviada de nuevo a la corte de la jurisdicción original (Hechos 15:20-23). Se consideraba vinculante con la iglesia antioqueña (Hechos 15:28) y fue enviada a otras iglesias para su instrucción (Hechos 16:4). Discipular en lo que respecta a la naturaleza y estructura del gobierno de la iglesia es importante para la vitalidad de la fe cristiana en sí misma. Es más, el gobierno de la Iglesia divinamente ordenado debe ser modelado para el gobierno civil también (Deuteronomio 4:5-8).

5. *La promoción de la causa de Cristo.* En ella a la Iglesia se le manda ir al mundo (Mateo 28:19a), y debería hacerlo en el nombre del Dios Trino (Mateo 28:19b).

Hay un número de oportunidades para campañas evangelísticas para la iglesia: evangelismo de amistades, conferencias bíblicas/seminarios, ministerio de radio o televisión, ministerios digitales, campañas en campus, cartas de información de ministerios,[27] y más. En vez de buscar la promoción del crecimiento de la iglesia; sin embargo, esto debería ser empleado para difundir la luz (Mateo 5:14), no para entretener a las masas carnales.[28]

En el evangelismo con amistades, por ejemplo, la iglesia debe comprometer a sus miembros en campañas evangelísticas por medio de uno de los más naturales exitosos medios de

---

[26] Note que, aunque los apóstoles estaban presentes, ellos escogieron no centrar el asunto con autoridad apostólica directa, más bien ellos alentaron el proceso de apelaciones.

[27] Las cartas misioneras deberían ser informativas, promocionales y que glorifiquen las obras de Cristo. Se pueden usar como herramientas promocionales al enviárselas a nuevos residentes.

[28] Vea Conclusión.

evangelismo: la amistad y asociación a través de conocidos personales y miembros de la familia.[29] Estadísticamente se sabe que el promedio de los cristianos conoce a 8.4 individuos que no van a la iglesia,[30] estos son los principales objetivos para los cristianos. Además, la mayoría de los cristianos hoy día pueden trazar su punto inicial de contacto con Cristo a través de amigos y familiares.[31]

La metodología del evangelismo amistoso es realmente bastante simple, en especial en sesiones de entrenamiento, la iglesia debería entrenar para que cada miembro anote los nombres de los conocidos que no asisten a una iglesia. Estos nombres deberían llegar a ser el motivo de una oración específica de largo plazo. Algunos de estos nombres deberían apartarse especialmente por cada individuo con el propósito de construir puentes y de nutrir lazos de amistad por varios medios. La meta final del fortalecimiento de estos lazos debería ser confrontarlos eventualmente con los dichos del Evangelio, ya sea directamente o simplemente invitándolos a llevarlos a la iglesia con usted.

6. *Servicio en el mundo.* Aunque la Iglesia no es *del* mundo, está en el mundo y debe hacerse sentir como sal del mundo (Mateo 5:13).

---

[29] Vea su uso entre miembros de la familia, amigos, vecinos, relaciones jefes-empleados y otros, en Mateo 9:9-13; Lucas 15:3-6, 8-9; Juan 1:40-45; Hechos 10:1-2, 22-24; 16:12-15, 23-31.

[30] Jerry W. Lynn, *Sowing Upon the Good Soil* (Clinton, SC: Calvary Presbytery, 1990), p. 3.

[31] Las estadísticas de la encuesta de Lynn indican los siguientes porcentajes para llevar a la gente a las iglesias: Influencia pastoral (3-6%), Programa de iglesia dominical (4-5%), Necesidades especiales (3-4%), Cruzadas y reavivamientos (.001%), Programas de visitaciones (3-6%), Programas especiales (2-5%) y oberturas amistad/familia (75 +%).

Esto involucrará la organización de un verdadero ministerio funcional diaconal de interés social y del evangelismo en el nombre de Cristo. Otra vez, esto promueve un modelo bíblico de interés social y un edificio de cultura cristiana (Mateo 28:19).[32]

También la Iglesia debería orar y estudiar asuntos sociales y políticos y animar el involucramiento social y político a través de campañas escritas y otros medios.[33] Por supuesto, hay una necesidad de ser cuidadosos para no endosar candidatos y llegar a ser demasiado "políticos".[34] En la historia colonial de los Estados Unidos, la Iglesia jugó un papel importante como una

---

[32] Los siguientes libros de George Grant son excelentes fuentes: *Bringing in the Sheaves: Transforming Poverty into Productivity* (Atlanta, GA: American Vision, 1985); *The Dispossessed: Homelessness in America* (Ft. Worth, TX: Dominion, 1986); y *In the Shadow of Plenty: Biblical Principles of Welfare and Poverty* (Nashville: Thomas Nelson, 1986). Vea también: Gerard Berghoef y Lester De Koster, *The Deacons Handbook: A Manual of Stewardship* (Grand Rapids, MI: Christian's Library Press, 1980) y Leonard J. Coppes, *Who Will Lead Us? A Study in the Development of Biblical Offices with Emphasis on the Diaconate* (Phillipsburg, NJ: Pilgrim, 1977).

[33] Para ver varias fuentes de asuntos socio político de interés cristiano consulte: Kenneth L. Gentry, Jr., *The Christian Against Abortion* (segunda edición: Memphis, TN: Footstool, 1990) (moralidad del aborto). *Journal of the American Family Association*, P. O. Drawer 2440, Tupelo, MS 38802 (pornografía). *Candidates Biblical Scoreboard*, P. O. Box 10428, Costa Mesa, CA 92627 (candidatos políticos). *A Letterwriter's Guide to Congress*, Chamber of Commerce of the United States, 1615 H St. N. W., Washington, CD 20002 (campaña de escritura de cartas). *Remnant Review*, P. O. Box 5101, Manassas, VA, 22110 (asuntos legales). Franky Schaeffer, *A Time for Anger: The Myth of Neutrality* (Westchester, IL: Crossway, 1982).

[34] George Grant: *The Changing of the Guard: Biblical Principles for Political Action* (Ft. Worth: Dominion, 1987); Lynn Buzzard and Paula Campbell, *Holy Disobedience: When Christians Must Resist the State* (Ann Arbor, MI: Servant Books, 1984). Robert L. Thoburn, (Tyler, TX: Thoburn Press, 1984).

fuente de dirección e información relacionada con aspectos sociales y civiles. Desafortunadamente, la Iglesia hoy día es demasiado a menudo un estudio irrelevante, aunque Cristo le mandó a su Iglesia ser "la luz del mundo" y "la sal de la tierra" (Mateo 5:13-14). Por lo tanto, Pablo llamó a llevar el Evangelio a las naciones y a los reyes (Hechos 9:15).

9

LA FAMILIA Y LA GRAN COMISIÓN

"Honra a tu padre y a tu madre", que es el primer
mandamiento con promesa: *"para que te vaya bien y seas de
larga vida sobre la tierra"* (Efesios 6:2-3).

Empezamos de nuevo con la revisión confesional para
dirección de la Asociación de Iglesias Reformadas. En el párrafo
6 la familia lidia con:

> Como ministerio de nutrición, la misión de la familia es ser la
> primera iglesia y estado para el niño, creando los términos de
> la gracia y la ley de Dios el Padre. Cuando la familia está mal,
> la Iglesia debe ser el padre del huérfano y esposo de la viuda.
> Debido a que el hijo ha sido dado por Dios a los padres para
> que lo nutran, la educación del niño no es la misión ni de la
> Iglesia ni del estado, sino de la familia. Cuando este ministerio

se le delegue a especialistas, deberá hacerse sin coerción, muy libremente. Como ministerio de dominio, a la familia se le ha dado el Mandato Cultural como su misión. Para el cumplimiento de sus tareas, Dios ha dado el privilegio de posición privada de la propiedad de la familia. Como resultado del pecado del hombre, el trabajo del Mandato cultural no solo consiste en la adquisición de conocimiento científico y la beatificación estética del ambiente, sino que también implica la adquisición de las necesidades básicas de vida.[1]

Erosión de la Familia Pactual

El asalto humanístico en la familia en gran parte ha sido exitoso.[2] Muy pocos padres cristianos han implementado principios cristianos para la vida cristiana; todavía menos reconocen los principios aplicables de la familia que pueden extraerse de la Gran Comisión. En medio de una penetrante cultura humanística, los cristianos han tendido a vivir con el eslogan de la línea de buses Greyhound de la década de 1960 en los Estados Unidos: "Déjenos el manejo a nosotros".

---

[1] "Of the Christian Mission" en *The Failure of the American Baptist Culture*, volumen 1 de *Christianity and Civilization* (Tyler, TX: Geneva Divinity School, 1982), p. 96-97.

[2] Phoebe Courtney, *The American Family Under Attack!* (Littleton, CO: Independent American, 1977; James Robison, *Attack on the Family* (Wheaton, IL: Tyndale, 1980); Charles Murray, *Losing Ground: American Social Policy 1950-1980* (New York: Basic Books, 1984). Incluso el gobierno federal ha reconocido esto, aunque no es el más consciente de la real naturaleza de los problemas; vea: *White House Conference on Family: Listening to America's Families: Action for the 80's: The Report to the President, Congress and Families of the Nation* (Washington, D.C.: *White House Conference on Families*, octubre de 1980).

Demasiados niños de creyentes se convierten en "pródigos" (Lucas 15:11-13) al dejar la Iglesia para buscar comodidades y placeres temporales que provee nuestra sociedad secular. Ellos no tienen conciencia de que la base del progreso tecnológico que permite tales comodidades creativas ha sido la fe cristiana. Ellos no se dan cuenta de que tal lujo ha durado solo debido a la inercia de nuestra herencia anónima cristiana.[3]

El cristiano debería ver el matrimonio con toda seriedad, como una institución pactual con obligaciones pactuales, ya que el matrimonio "es el campo de entrenamiento principal para la próxima generación. Es la institución principal para el bienestar, cuidado del joven, cuidado del anciano y educación. Es la principal agencia de herencia económica. *La familia es, por lo tanto, el principal arreglo institucional para llevar a cabo los términos del dominio del pacto* (Génesis 1:26-28)".[4] En un sentido importante, como vaya a la familia, así va la fe, como vaya a la fe, así va la cultura.

Principios de la Familia Pactual

---

[3] Para una consideración perspicaz del efecto de la Escritura en el progreso económico y tecnológico, vea *The Dominion Covenant: Genesis* (1982) de Gary North, *Moses and Pharaoh: Dominion Religion Versus Power Religion* (1985) y *The Sinai Strategy: Economics and the Ten Commandments* (1986). Vea también: David Chilton, *Productive Christians in an Age of Guilt Manipulators* (Tyler, TX: Institute for Christian Economics, 1981). Para el papel del cristianismo en la cultura occidental, vea: Francis Schaeffer, *How Should We Then Live? The Rise and Decline of Western Thought and Culture* (Old Tappan, NJ: Revell, 1976) y Herbert W. Schlossberg, *Idols for Destruction: Christian Faith and its Confrontation with American Society* (Nashville: Thomas Nelson, 1983).

[4] North, *Tools of Dominion*, pp. 214-215.

Aunque hay trabajos más grandes en la familia que deberían consultarse,[5] quizá una lista de unas pocas cosas básicas podría ser una ayuda para aquellos deseosos de reclamar a la familia, llevándola bajo la influencia de la Gran Comisión.

1. *Devocionales regulares, orientados con contenido familiar.* Primeramente, estos tiempos devocionales deberían impartir un entendimiento bíblico aceptable y exhortar a nuestros niños a santidad en todo aspecto de su vida. Además, los devocionales familiares proveerán un tiempo de ejercicio pactual para mejorar la unidad espiritual[6] en la familia.[7] Como lo expresa DeMar muy bien: "Debe ser claro para los niños que Dios es la cabeza de casa. El padre es un sacerdote que dirige los servicios de adoración diariamente. La familia debe llegar a estar centrada en Dios en todo aspecto, incluyendo el ritual familiar".[8]

El humanismo se les imparte a nuestros niños tanto por ósmosis en nuestra cultura como por otros medios. Nosotros y nuestros hijos necesitamos el contacto diario con la Palabra de Dios que es "viva y activa" para que moldee nuestro

---

[5] Por ejemplo: Ray Sutton, *Who Owns the Family?* (Nashville: Thomas Nelson, 1986); Jay E. Adams, *Christian Living in the Home* (Phillipsburg, NJ: Presbyterian and Reformed, 1972); Wayne Mack, *Strengthening Your Marriage* (Phillipsburg, NJ: Presbyterian and Reformed, 1977).

[6] La Escritura es clara: la unidad de la familia al final depende de compromisos espirituales. De hecho, las obligaciones pactuales anulan simplemente las relaciones genéticas. Por ejemplo: Deuteronomio 21:18-21; Mateo 10:34-39. Vea: Kenneth L. Gentry, Jr., *"Thou Shalt Not Destroy the Family"*, *Journey*, noviembre/diciembre, 1986, pp. 19.

[7] Salmo 1:2; 119:15-16, 23, 48, 78, 148.

[8] Gary DeMar, *The Ruler of the Nations: Biblical Principles for Government* (Ft. Worth, TX: Dominion Press), p. 192. Él tiene en este trabajo y en otros, *God and Government: A Biblical and Historical Study* (Atlanta: American Vision, 1987), algunas visiones excelentes de la importancia del "gobierno familiar".

pensamiento.[9] La Palabra de Dios imparte vida y moldea el carácter (Salmo 19:7-14; 119:15-16). En la Gran Comisión Cristo nos mandó "enseñar todas las cosas" que Él nos enseñó. Deberíamos empezar esto cuando los hijos están pequeños,[10] como el bautismo pactual claramente nos obliga.[11]

2. *Involucre disciplina en la crianza de los hijos.* Nuestros hijos deberían expresamente ser enseñados a cómo vivir la vida cristiana con la aplicación diligente de los principios bíblicos de la crianza del niño[12] y la disciplina.[13] Esta es la "disciplina" en el hogar, de acuerdo con la Gran Comisión (Mateo 28:19). Esta disciplina debería también incluir asistencia consistente a la iglesia, adorarlo a Él, quien tiene "toda autoridad en el cielo como en la tierra" (Mateo 28:18).

El entrenamiento del pacto de los niños no debería ser dejado a otros por padres demasiado ocupados para atender a sus hijos. La influencia regular "en el ambiente"[14] de la Palabra de Dios y del Evangelio de Cristo en la vida familiar diaria es vital.[15] A los niños se les debería enseñar la legitimidad y la práctica de vivir bajo la autoridad en sociedad al testificarla en el hogar a través

---

[9] Salmo 119:130; Isaías 55:11; 1 Tesalonicenses 2:13; Hebreos 4:12.

[10] Salmo 71:17; Proverbios 8:17; Eclesiastés 12:1; Mateo 19:13-14; 2 Timoteo 3:14-15.

[11] Vea el capítulo 6 antes.

[12] Deuteronomio 11:20-21; Josué 24:15; Salmo 78:4-7; Proverbios 4:1-4; 22:6; Efesios 6:4.

[13] Proverbios 19:18; 22:15; 23:13; 23:14; 29:15; 29:17; 13:24.

[14] Con respecto al último entorno personal en el cual vivimos, vea: Salmos 139:7-12; Jeremías 23:24; Hechos 17:28. Para una breve discusión de nuestro "ambiente divino", vea: Kenneth L. Gentry, Jr., *The Necessity of Christian Schooling* (Mauldin, SC: GoodBirth, 1985).

[15] Génesis 18:19; Salmo 1:1-6; Deuteronomio 6:5-25.

de la jefatura de un padre amoroso, involucrado y piadoso.[16] Muy a menudo esta tarea se ha desarrollado casi en su totalidad por la madre, aunque ella obviamente tiene un papel importante, también. Al final, la disciplina bíblica del niño funcionará de nuevo con el entrenamiento práctico de vivir bajo la autoridad de Cristo (Mateo 28:18).

A los niños también se les debería enseñar cómo ponerse metas a largo plazo (Mateo 28:20), en vez de permitirles ir a la deriva con los vientos.

3. *Enseñar el valor del trabajo*. La enseñanza de niños tanto en la vida en familia, en la vida personal y corporativa con la meta de autosuficiencia es importante.

Nuestra edad es una intolerablemente irresponsable. Los cristianos deben nadar contra la corriente secular al inculcar responsabilidad y diligencia en sus hijos.[17] El cristiano está consciente de la institución divinamente ordenada de trabajo desde el primordial inicio del hombre (Génesis 1:26-28; 2:15). La Comisión está repleta de acción verbal; además, manda discipular, bautizar y enseñar, uno de sus mandatos es *ir*. Esto conlleva la noción del trabajo activo.

La familia involucra la primera experiencia del niño con la "cultura" (desde la cual se deriva la palabra "naciones", Mateo 28:19). Este es un aspecto en el cual la Gran Comisión se pone ante nosotros al requerir nuestro "discipulado" (disciplina). Esto obliga al creyente al trabajo cristiano. La vida en familia debería

---

[16] 1 Corintios 11:1; Efesios 5:22-6:4; Colosenses 3:20. Vea la perspicaz discusión en Gary North, *An Introduction to Christian Economics* (Nutley, NJ: Craig, 1973), capítulo 21.

[17] Proverbios 12:24; 21:25; Romanos 12:11; 1 Timoteo 5:8; Tesalonicenses 3:10; Hebreos 6:12.

preparar al niño para una vida de trabajo para Cristo en toda la vida.

4. *Enseñarles el valor del dinero.* Entrenando al niño en mayordomía cristiana con respecto a tanto el tiempo (el cual es, en un sentido importante, dinero[18]) y a las fuentes debería ser un factor en la crianza cristiana.

En una sociedad rica, los niños crecen pensando que el dinero crece en los árboles.[19] Ellos deberían aprender tempranamente la relación entre el trabajo y la acumulación de riqueza. Esto debería hacerse asignándoles quehaceres productivos para ganar una mesada.[20] Muchas de las parábolas de Jesús tuvieron que ver con asuntos monetarios,[21] debido a que, están directamente involucradas con "enseñarles a observar lo que yo les mandé" (Mateo 28:20).

Además, los niños deberían ser animados a guardar una porción de su dinero y a darle el diezmo de su aumento a la iglesia. El ahorrar dinero los obliga a operar con una visión de largo plazo (lo cual es un factor en la Gran Comisión: "y he aquí yo estoy con vosotros todos los días hasta el fin del mundo", Mateo 28:20). El diezmo demuestra una inclinación ante "toda la autoridad" de Cristo (Mateo 28:18).

5. *Proveer una herencia.* Una herencia promete un premio por fidelidad, anima a una futura orientación y provee una base desde la cual construir para la nueva generación, de este modo

---

[18] North, *Dominion Covenant*, capítulo 11; North, *Introduction to Christian Economics*, pp. 62.

[19] Vaughn C. Nystrom, "A Ford is Not a Mango", en *The Freeman* (Enero, 1978), pp. 3-8.

[20] Larry Burkett, *Using Your Money Wisely: Guidelines from Scripture* (Chicago: Moody, 1985), pp. 121.

[21] Por ejemplo: Mateo 13:44-46; 18:23-35; 20:1-16; 25:14-30; Lucas 7:41-43; Lucas 12-16-21; 15:8-32; 16:1-9; 16:19-31; 19:12-27.

promueve progreso al construir sobre los frutos de los trabajos de otros.[22]

Muchas de las enseñanzas de Cristo tenían que ver con la herencia.[23] La Biblia obliga la provisión de una herencia para nuestros descendientes.[24] Como en la Gran Comisión, debemos tener una larga visión de la historia, no consumir toda nuestra riqueza en el momento. Pero niños ateos deberían ser desheredados, "ya que la riqueza del pecador está guardada para el justo".[25] Así que deberíamos preocuparnos por hacer planes que afecten a nuestros hijos y a los hijos de los hijos (Salmo 78:1-8) — ellos estarán aquí por largo tiempo.

6. *Educación cristiana formal.* La educación cristiana debería ser animada y promovida vigorosamente por padres cristianos comprometidos, ya sea a través de la educación en casa[26] o por la instrucción en el aula.

El humanismo secular desenfrenado que permea y domina el gobierno (público) del sistema escolar es una de las más grandes fuerzas del humanismo.[27] Los cristianos necesitan ver que las 30

---

[22] Vea la discusión en Rousas John Rushdoony, *Institutes of Biblical Law* (Phillipsburg, NJ: Presbyterian & Reformed, 1973), 1:180. En el volumen 2 los siguientes capítulos son de ayuda: Capítulos 2, 31-40.

[23] Mateo 5:5; 19:29; 25:34; 21:38; Lucas 12:13.

[24] Proverbios 13:22; 17:2; 19:4; Eclesiastés 7:11; 1 Corintios 12:13; 1 Timoteo 5:8. Vea: Gary North, *The Sinai Strategy: Economics and Ten Commandments* (Tyler, TX: Institute for Christian Economics, 1986), capítulo 5 *"Familistic Capital"*.

[25] Proverbios 13:22. También vea las implicaciones en: Proverbios 17:2; Deuteronomio 21:18-21; Mateo 7:6.

[26] Mary Pride, *The Big Book of Home Learning* (Westchester, IL: Crossway, 1986).

[27] Robert Thoburn, *The Children Trap: Biblical Principles for Education* (Nashville: Thomas Nelson, 1986); Phyllis Schlafly, ed., *Child Abuse in the Classroom* (Westchester, IL: Crossway, 1984); Mary Pride, *The Child Abuse Industry* (Westchester, IL: Crossway, 1984)

o más horas a la semana que sus hijos pasan en educación formal en por lo menos 12 años de su desarrollo temprano son dirigidos por la verdad cristiana más que el humanismo secular.[28] La Gran Comisión demanda la "enseñanza de todas las cosas" que Cristo enseña.

7. Desarrollar una biblioteca hogareña y un programa de lectura. Leer literatura cristiana sólida (cuando se encuentra) es un aspecto esencial para expandir el ejercicio de la mente.

Elton Trueblood una vez comentó: "Es la vocación del cristiano en cada generación pensar en todas las oposiciones". Construir una biblioteca familiar haría más fácil para su propia familia tener acceso a buena literatura, también podría estar disponible para prestársela a otros y de este modo "enseñarles" lo que Cristo nos mandó.

Por supuesto, en el programa de lectura inicial del niño debería haber una exposición frecuente a la Escritura. La Palabra de Dios, a diferencia de cualquier otra literatura, "está viva y es poderosa" (Hebreos 4:12). Puede y debería leerse en la edad temprana, en esa que hace a uno "sabio para la salvación" (2 Timoteo 3:14-15), se convierte en una parte del carácter del

---

[28] Para una breve introducción a la filosofía cristiana de la educación basada en la Palabra de Dios, vea: Gentry, *Christian Schooling and Gentry*, "Reformed Theology and Christian Education" en *Light for the World: Studies in the Reformed Thought* (Alberta, Edmonton: Still Waters Revival, forthcoming). Para un tratamiento más completo, vea: Cornelius Van Til, *Essays On Christian Education* (Nutley, NJ: Presbyterian and Reformed, 1971). R. J. Rushdoony, *The Philosophy of the Christian Curriculum* (Vallecito, CA: Ross House, 1981). R. J. Rushdoony, *Intellectual Schizophrenia: Culture, Crisis and Education* (Nutley, NJ: Presbyterian and Reformed, 1961). Para una excelente respuesta a las excusas cristianas para no seguir la educación cristiana, vea: Lonn Oswalt, "Review of George Van Alstin's" *The Christian and the Public Schools*, en Gary North, ed., *Christianity and Civilization* (Tyler, TX: Geneva Divinity Schools, 1983) 2:338-343.

lector (Salmo 119:11), y lo equipa uno para "cada buen trabajo" (2 Timoteo 3:16-17).

8. *Estudios bíblicos de asuntos relevantes*. La familia no debería quedarse dentro de ella misma, sino "salir y hacer discípulos" (Mateo 28:19).

Un medio excelente para promover la cultura cristiana entre las familias del barrio es fijar un estudio informal de la vecindad de orientación familiar e interesante o relacionado con su comunidad.[29] En estos estudios, el mensaje del Evangelio y la solución de los problemas enfrentados en el día a día se ofrecerían en el contexto de fraternidad amistosa.

Estos tipos de estudios bíblicos son académicamente útiles para promover la verdad de Dios a gente no interesada. El ateo promedio toma su visión del mundo casi solamente de la influencia del humanismo de los medios de comunicación influyentes. Tener un estudio interesante y retador de aspectos relevantes de una perspectiva cristiana, que lleve a la reflexión, puede influenciar a aquellos que asisten al compromiso con Cristo. Tales estudios también son "ambientalmente" ventajosos, pues le dan al vecino una visión interior sobre una experiencia con un verdadero hogar cristiano, el cual debería ser un modelo de verdadero pacto vivido tanto en apariencia como en conducta, los cristianos tienen definitivamente algo muy diferente que ofrecerle al mundo.

---

[29] Para ver un esquema más completo, vea: Gary North, "Bread and Butter Neighborhood Evangelism" en *The Journal of Christian Reconstruction*, 7:2 (Winter, 1981) 114-140. Para ver una fuente útil de temas, vea: *Biblical Principles Concerning Issues of Important to Godly Christians* (Plymouth, MA: Plymouth Rock Foundation, 1984). Para una introducción útil a la cultura cristiana, vea: Francis Nigel Lee, *The Central Significante of Culture* (Nutley, NJ: Presbyterian and Reformed, 1976).

10

EL ESTADO Y LA GRAN COMISIÓN

"Y me llevó en el Espíritu a un monte grande y alto, y me mostró la gran ciudad santa de Jerusalén, que descendía del cielo, de Dios.... Y las naciones que hubieren sido salvas andarán a la luz de ella; y los reyes de la tierra traerán su gloria y honor a ella" (Apocalipsis 21:10,24).

Como en los capítulos previos, empiezo refiriéndome de nuevo a la adición a su credo confesional que en 1981 la Asociación de las Iglesias Reformadas propuso. En el párrafo 5 del documento dice:

> Como un ministerio de orden, la misión del Estado es proveer un ambiente pacífico, en el cual los mandatos evangélicos y culturales puedan ser efectuados. Por el pecado del hombre, orden y paz requieren el uso de la fuerza y así al Estado se le ha dado una espada de justicia. Al implementar la Iglesia del

trabajo redentor de Cristo, así el Estado implementa su trabajo de venganza. El terror de la espada le ha sido dado al hombre como la imagen y el Hijo de Dios, y así la regla de justicia debe proceder en términos de la ley de Dios revelada en toda la Escritura. En la medida en que la ley de Dios revelada no se implemente, el Estado no lleva a cabo su misión y se convierte en una tiranía, solo a través de la completa aplicación de la ley divina pueden la viuda, el huérfano, el extranjero y el pobre ser liberados de la opresión; la familia y la Iglesia son liberadas para llevar a cabo su misión y la justicia y el derecho se establezcan en todo el mundo.[1]

Aunque no fue diseñado así por Dios, el Estado ha llegado a ser una institución dominante entre los hombres hoy. La tentación para Eva de "ser como Dios" (Génesis 3:5) ha sido tomada por la cabeza del gobierno a lo largo de la historia. Los gobernantes civiles se han atrevido a sentarse como reyes (Isaías 14:4, 12-21; 2 Tesalonicenses 2:3-4; Apocalipsis 13). Con el monopolio de la espada del Estado (Romanos 13:1-4), eso ha traído dolor incalculable sobre el hombre.

Como lo he mostrado en este libro, la visión del mundo cristiano tiene implicaciones, incluyendo para el Estado. Aunque mucho de este siglo (hasta 1980), los cristianos se han contentado con patrocinar "retiros", muy lejos de cuestiones civiles — excepto por la influencia cristiana equivocada en la Prohibición.[2]

---

[1] "Of the Christian Mission" en *The Failure of the American Baptist Culture*, volumen 1 de *Christianity and Civilization* (Tyler, TX: Geneva Divinity School, 1982), p. 96.
[2] Para la visión bíblica del consumo de bebidas alcohólicas (i.e., Dios permite su uso con moderación y circunspección), vea: Kenneth L. Gentry,

Aunque reconocemos una distinción entre la Iglesia del Estado,[3] todavía debemos reconocer el llamado cristiano a afectar todas las áreas de la vida con la verdad de Cristo. La Gran Comisión no deja de tener implicación para el gobierno civil.[4]

1. *Preocupación por el gobierno civil.* Los cristianos deben preocuparse por la función del Estado como una de las instituciones divinamente ordenadas.[5]

Cristo nos llama a "discipular a las naciones" y esta referencia a las "naciones" involucra la idea de "culturas" (así como nuestra temprana discusión). En consecuencia, debemos preocuparnos por los gobiernos de las naciones, como un aspecto de cultura. Omitir la preocupación por el gobierno civil es truncar las implicaciones de la Gran Comisión.[6]

Jr., *The Christian and Alcoholic Beverages: A Biblical Perspective* (Grand Rapids: Baker, 1986).

[3] Vea la afirmación anterior en la note de pie de página número 62 en la p. 59, arriba. Vea también: Greg L. Bahnsen en Gary Scott Smith, ed., *God and Politics: Four Views on the Reformation of Civil Government* (Phillipsburg, NJ: Presbyterian and Reformed, 1989), pp. 21-53.

[4] Para más información en esta área, vea: Gary DeMar, *The Ruler of the Nations: Biblical Principles for Government* (Ft. Worth: Dominion, 1987). Greg L. Bahnsen, *House Divided: The Break-up of Dispensational Theology* (Tyler, TX: Institute for Christian Economics, 1989), Parte I. Rus Walton, *One Nation Under God* (Old Tappen, NJ: Revell, 1975). Gary North, *Unconditional Surrender: God's Program for Victory* (Tyler, TX: Geneva Press, 1981). Ronald H. Nash, *Social Justice and the Christian Church* (Milford, MI: Mott Media, 1983). Rousas J. Rushdoony, *Politics of Guilt and Pity* (Fairfax, VA: Thoburn, 1978).

[5] Romanos 13:1-3. Compare Proverbios 8:15-16; Jeremías 27:5; Daniel 2:21; Juan 19:11; 1 Pedro 2:13-15.

[6] El retiro de fundamentalistas de la política por la mayoría del siglo es bien conocido. Era generalmente debido a una falta no estudiada por la superficialidad teológica, más que por una convicción investigada. Recientemente, sin embargo, ha habido un resurgimiento de bien pensado (aunque mal concebido) anabaptistas que llaman a los cristianos a resistir buscando influencia política. Vea: Charles Scriven, "The Reformation

Deberíamos notar también que este retiro no estaría de acuerdo con el precedente bíblico. Tanto Pablo como Pedro dan principios expresos aplicables al gobierno civil (Romanos 13:1-4[7]; Pedro 2:13-17). Juan el Bautista y Cristo incluso reprenden a las autoridades civiles por sus conductas inmorales (Mateo 14:1-12; Marcos 6:18; Lucas 13:32). La Escritura nos anima a orar por la autoridad civil (Esdras 6:10; Salmo 72:1; Jeremías 29:7).

2. *Obediencia al gobierno civil.* Las varias esferas del gobierno — familia (1 Timoteo 5:8; Efesios 5:22-6:4), Iglesia (Hebreos 13:17; Pedro 5:1-5) y Estado (1 Timoteo 2:2-3; Pedro 2:14) son ordenados por Dios para nuestro bien.

Pablo y Pedro específicamente nos obligan a someternos a la autoridad gubernamental (Romanos 13:2-7; Pedro 2:12-17). Debido a que la Gran Comisión muestra a Cristo declarando tener "toda autoridad" en la tierra, el gobierno civil debe someterse a su diseño. Como una regla básica y general, por lo tanto, el cristiano debería vivir una vida en orden, de acuerdo con Cristo en términos de sus relaciones civiles (1 Pedro 2:15).

Sin embargo, el cristiano en todo tiempo sostiene a Dios y a Cristo como las supremas autoridades y debe rehusarse a obedecer cualquier directriz gubernamental que los pudiera obligar a hacer lo contrario a la voluntad revelada de Dios.[8] El

---

Radicals Ride Again" y Stanley Hauerwas y William H. Sillimon, "Peculiar People" in *Christianity Today* (5 de marzo, 1990), pp. 13.

[7] Las afirmaciones de Pablo aquí son muy ideales para el gobierno, no un cuento histórico del gobierno romano.

[8] Para más información vea: Junius Brutus, *A Defense of Liberty Against Tyrants* (Edmonton, Alberta: Still Waters Revival Books, 1989 [rep. 1689]). Herbert Schlossberg, *Idols for Destruction: Christian Faith and Its Confrontation with American Society* (Nashville: Thomas Nelson, 1983). Francis Schaeffer, *A Christian Manifesto* (Westchester, IL: Crossway, 1981), capítulos 7-10. Gary North, *The Dominion Covenant: Genesis* (Tyler, TX: Institute for Christian Economics, 1982), capítulo 19. Gary

gobierno pueda que no actúe como Dios;[9] pues no posee autoridad impecable.[10] Solo Cristo tiene "toda la autoridad" para mandarnos (Mateo 28:18).

3. *Exponer políticas malvadas del gobierno.* En eso el hombre es pecador, el gobierno fácilmente puede caer en el pecado y debe ser expuesto por su maldad. Cualquier injusticia, en cualquier lugar, es odiada por Dios. En la esfera del gobierno civil especialmente la maldad tiene consecuencias muy peligrosas. Inclinarse a la máxima autoridad de Cristo (Mateo 28:18) y buscar activamente "discipular las naciones" (Mateo 28:19), la voluntad cristiana "expondrá las horas de la oscuridad" (Efesios 5:11).[11] Él será reconocido como uno en desacuerdo con ciertas políticas gubernamentales por su compromiso con Cristo (Hechos 5:21, 29; 17:7-10).

4. *Involucramiento en el gobierno civil.* Esa fe debe exhibirse en obras (Santiago 2:14-26), y la oración debe ser apoyada con obras,[12] deberíamos involucrarnos activamente en nuestro proceso gubernamentalmente y no solo "preocuparnos" por él.

El llamado al "discipulado a las naciones" involucra activa y diligentemente ajustar las reclamaciones de Cristo incluso ante gobiernos. Los cristianos deberían promover políticas

---

North, ed., *Christianity and Civilization* (Tyler, TX: Geneva Divinity School, 1983), volumen 2: "The Theology of Christian Resistance" y volumen 3: "*Tactics of Christian Resistance*".

[9] Mateo 22:21; Hechos 20:20-23. Comparar con la pulla de Isaías contra el rey de Babilonia, Isaías 14:4, 12-21.

[10] Éxodo 1:15-20; Josué 3; Daniel 3:8-30; Hechos 5:29.

[11] Para ayuda en esta área, vea: William Billings, *The Christian's political Action Manual* (Washington, D.C.: *National Christian Action Council*, 1980).

[12] Compare Mateo 6:11 con 2 Tesalonicenses 3:10.

gubernamentales enraizadas en la ley de Dios.[13] Uno de los propósitos expresos y por los que Dios estableció a Israel bajo su ley fue para que les diera un ejemplo a los gobiernos del mundo con respecto a la ley justa.[14] Los gobiernos civiles deben glorificar a Dios gobernando su población[15] fundamentándose en la ley de Dios.

Al hacer esto, deberíamos reconocer la importancia de las oficinas locales gubernamentales, porque: (a) La más alta oficina federal ha sido ganada por aquellos experimentados en gobiernos más bajos, más locales. Así que a la larga (Mateo 28:20), esto traerá recompensas. (b) Tenemos más influencia en gobierno local que en el gobierno general. (c) Cuesta menos, fomentando así la administración.

5. *Promover cristianos distintivos en el gobierno.* En eso Cristo tiene "toda la autoridad", debemos trabajar a *largo plazo* para un reconocimiento de y sumisión de la autoridad de Cristo (¡no la de la Iglesia!) en la Constitución de los Estados Unidos.

Aunque cualquier discusión presente, de sumisión reverente a Cristo en asuntos gubernamentales pueda parecer contraria a la "manera americana", no siempre ha sido así, las primeras cartas y constituciones coloniales del Estado — incluso en los años 1800 — eran pactos distintivamente cristianos que reconocían completamente "la autoridad de Cristo en la tierra" (Mateo 28:18). Ha sido por la disminución del programa de "discipulado" de todo el mundo y del testimonio bíblico (Mateo 28:19) que hemos terminado con un estado secular. Esta

---

[13] Salmo 119:46; 148:11, 13; 1 Timoteo 1:8-10; Romanos 13:4-9. Vea Greg L. Bahnsen, *By This Standard* (Tyler, TX: Institute for Christian Economics, 1985) y Rushdoony, *Institutes of Biblical Law*, 2 volúmenes.

[14] Deuteronomio 4:5-8; Isaías 24:5; 51:4; Salmo 2:9-10; 119:118.

[15] 2 Samuel 23:3; 2 Crónicas 19:6-7; Salmo 2:10-12; 148:1, 11.

disminución es una gran medida tratable con la influencia negativa del Gran Despertar en los años de 1700.[16] Los cristianos necesitan empezar a repensar su entendimiento de autoridad gubernamental. "Habrá un justo que gobierne entre los hombres, que gobierne en el temor de Dios" (2 Samuel 23:3). A la larga, debido a la expansión predestinada del reino de Cristo, todos los reyes y naciones se inclinarán ante Él.[17] Y puesto que Dios normalmente trabaja a través de diferentes medios, necesitamos darnos cuenta de que las preparaciones intelectuales deberían empezar ahora en previsión de un cambio de paradigma cultural. Todo esto involucrará registrarse para votar, votar, recinto de trabajo, funcionamiento para la oficina y otros esfuerzos como esos.

Conclusión

La Gran Comisión tiene aspectos importantes y directos en las tres instituciones sociales fundamentales, la familia, la Iglesia y el Estado. El carácter esférico completo de la Gran

---

[16] Gary North, *Political Polytheism: The Myth of Pluralism* (Tyler, TX: Institute for Christian Economics, 1989).

[17] "Y, con referencia a los tiempos del Nuevo Testamento, cuando 'la abundancia del mar se haya convertido y sus fuerzas vengan' [a la Iglesia], Él ha prometido, que 'reyes serán sus padres de crianza; — sus oficiales de paz y sus exactores de justicia'. Esto está conectado con el "avance de los intereses del reino de nuestro Señor Jesucristo, el cual está *en*, pero no es *de* este mundo, y *como* subordinado a quien el reino de la providencia le es encomendado"'. Thomas M'Crie, *Statement of the Difference Between the Profession of the Reformed Church of Scotland, as Adopted by Seceders, and the Profession Contained in the New Testament and Other Acts, Lately Adopted by the General Associate Synod; etc.* (Edmunton, AL: Still Waters Revival, *forthcoming* [1807; 1871]), p. 133.

Comisión demuestra tanto su grandeza como su sentido práctico de la vida. Los ojos del Señor están en cada lugar contemplando la maldad y la bondad (Proverbios 15:3), no solo en el corazón, sino en todas las áreas de la vida. Si los cristianos deben preservar la mismísima grandeza de la Gran Comisión, ellos necesitan ver su aplicabilidad a toda la vida, para hacer eso se requerirá una reorientación radical en su pensamiento, una reorientación bíblica. Necesitamos reclamar el espíritu paulino:

> Por lo tanto, yo os testifico en el día de hoy, que estoy limpio de la sangre de todos; porque no he rehuido anunciaros todo el consejo de Dios. Por tanto, mirad por vosotros, y por todo el rebaño en que el Espíritu Santo os ha puesto por obispos, para apacentar la Iglesia del Señor, la cual Él ganó por su propia sangre (Hechos 20:26-28).

PARTE IV

IMPLICACIONES

11

ORIENTACIÓN MILENIAL Y LA GRAN COMISIÓN

"Porque preciso es que él reine hasta que haya puesto a todos sus enemigos debajo de sus pies. Y el postrer enemigo que será destruido es la muerte. Porque todas las cosas las sujetó debajo de sus pies.... Así que, hermanos míos amados, estad firmes y constantes, creciendo en la obra del Señor siempre, sabiendo que vuestro trabajo en el Señor no es en vano" (1 Corintios 15:25-27a, 58).

La "Escatología" es el campo de estudio en teología que se relaciona con "las últimas cosas".[1] Como lo he mostrado en varios lugares en capítulos precedentes, la escatología tiene un efecto tremendo en la visión del mundo del cristiano y, en consecuencia, en su vida práctica y diaria. Los sistemas escatológicos son generalmente categorizados en lo que respecta

---

[1] "Escatología" se deriva del griego: *eschatos*, "último" y *logos*, "palabra".

a su aproximación al "milenio".[2] La idea del milenio se deriva de Apocalipsis 20:1-6, donde se trata la designación del reino de "mil" años de Cristo (¡aunque *solo* en estos seis versos!).

Resumen Comparativo de las Visiones del Milenio

La Gran Comisión está grandemente afectada por nuestro entendimiento de la escatología. Irónicamente, hay una posición escatológica que cita la Gran Comisión como evidencia de su orden bíblico: postmilenialismo. Este es el punto de vista presentado en este libro. En eso la Gran Comisión es muy afectada por el sistema escatológico de uno, podría ser útil proveer un breve resumen de varios de los rasgos importantes de los cuatro sistemas evangélicos escatológicos más importantes.[3] Se debería entender que cualquier añadidura a una de las siguientes visiones puede estar en desacuerdo con algunos aspectos como lo he presentado. Siempre hay diferencias de matiz entre adherencias de cualquier sistema particular. Sin embargo, la presentación intenta retratar precisamente lo general, rasgos importantes de los sistemas, los cuales se presentarán en orden alfabético.

Amilenialismo

---

[2] "Milenio" se deriva del latín *mille*, "miles" y *annum*, "año".

[3] Para información más detallada vea: Robert G. Clouse, ed., *The Meaning of the Millennium: Four Views* (Downer's Grove, IL: Inter-Varsity Press, 1977).

Definición: Esa visión de profecía que espera una manifestación amplia, duradera y terrenal del poder del reino hasta que Cristo regrese, aparte de la salvación de los elegidos. El amilenialista Kuiper escribe: "Los mil años de Apocalipsis 20 representan, en un lenguaje simbólico, un período largo y completo; a saber, el período de la historia desde la ascensión de Cristo al cielo hasta la segunda venida. En toda esa edad Cristo reina y los santos reinan en gloria con Él (verso 4). Satanás está atado en el sentido de que no se le permitió liderar a las naciones paganas en contra de la cristiandad (versos 2-3) ... Durante ese período también ocurre bajo el gobierno de Cristo lo que puede llamarse el desarrollo paralelo del reino de la luz y de la oscuridad.... Al final de 'los mil años' Satanás será soltado por un rato. Aquellos serán días oscuros para la Iglesia de Dios.... Cristo volverá en gloria inefable y, al levantarse de la muerte, se sentará en juicio con todos los hombres (Apocalipsis 20:12,13)".[4]

Rasgos Descriptivos: 1. La era de la Iglesia es la era del reino profetizado por los profetas del Antiguo Testamento.[5] Israel y la Iglesia se fusionan en un cuerpo en Cristo para formar la Israel de Dios.

2. Satanás es atado durante su ministerio terrenal en la primera venida de Cristo. Satanás es progresivamente restringido por la proclamación del Evangelio.

---

[4] R. B. Kuiper, *God-Centered Evangelism* (Grand Rapids: Baker, 1961), pp. 208-209.

[5] El amilenialista Anthony Hoekema ve el cumplimiento de las profecías del reino en el Nuevo Cielo y la Nueva Tierra, más que en la Iglesia. Anthony Hoekema, *The Bible and the Future* (Grand Rapids: Wm. B. Eerdmans, 1979). Vea la nota de pie de página 2, p. 147.

3. Cristo reina en los corazones de los creyentes. Habrá influencias de corto plazo de la cristiandad en la cultura, aunque el cristiano debería; sin embargo, trabajar por una cultura cristiana. Por lo tanto: el sistema es *a*milenialista (no-milenio), en eso no hay una manifestación visible, terrenal de las condiciones del milenio como en los sistemas pre y postmilenialista. Los "mil años" se toman como una figura simbólica representativa de una vasta extensión de tiempo.

4. La historia empeorará gradualmente cuando el crecimiento de la maldad se acelere hacia el final. Esta voluntad culmina en la Gran Tribulación.

5. Cristo regresará al final de la historia, resucitará y juzgará a todos los hombres y establecerá el orden eterno.

Adherentes Representativos: En la Iglesia antigua: Hermas (siglo primero) y Agustín (354-430 D.C.). En la iglesia moderna: Jay E. Adams, Hendrikus Berkhof, Louis Berkhof, Theodore Graebner, W. J. Grier, Floyd E. Hamilton, William Hendriksen, J. W. Hodges, Anthony Hoekema, Abraham Kuyper, Philip Mauro, George Murray, Albertus Pieters y Geerhardus Vos (posiblemente).

Premilenialismo dispensacional

Definición: Un sistema teológico que se levantó alrededor de 1830, el cual entiende que la Escritura enseña que Dios tiene dos programas separados para dos pueblos diferentes: la Israel nacional y la Iglesia. Desde Pentecostés el programa para la Iglesia está en operación, esta continuará operando como un testigo espiritual a las naciones hasta que Dios secretamente rapte a los cristianos del mundo. Pronto después de eso Cristo regresará a la tierra a preparar un reino terrenal de mil años de duración.[6]

Rasgos Descriptivos: 1. La Edad de la Iglesia es un misterio totalmente imprevisto, el cual era totalmente desconocido e inesperado para los profetas del Antiguo Testamento.

2. Dios tiene un programa separado distinto y un plan para el Israel racial, a diferencia de la Iglesia. La Iglesia de Jesucristo es un paréntesis a un lado en el plan original de Dios.

3. El Reino ofrecido por Cristo en el primer siglo fue pospuesto hasta el futuro.

4. La Iglesia experimenta algunos éxitos en pequeña escala en la historia, pero al final pierde influencia, falla en su misión, se corrompe a medida que aumenta y se intensifica el mal mundial hacia el final de la Edad de la Iglesia.

5. Cristo regresa secretamente en el cielo para raptar a los santos vivientes y resucitar a los cuerpos de los santos muertos (la primera resurrección). Ellos son sacados del mundo antes de la Gran Tribulación. El juicio de los santos se cumple en el cielo durante el período de siete años antes del regreso de Cristo a la tierra.

6. Al final del año séptimo de la Gran Tribulación, Cristo regresa a la tierra con sus santos glorificados para establecer y administrar personalmente un reino judío político con sede en Jerusalén por 1000 años. Durante ese tiempo Satanás es atado y el templo y el sistema sacrificial son restablecidos en Jerusalén como monumentos. Por lo tanto: el sistema es "*pre*milenial", en él Cristo regresa *antes* del milenio, el cual es de literalmente 1000 años.

---

[6] Vea: H. Wayne House y Thomas D. Ice, *Dominion Theology: Blessing or Curse?* (Portland, OR: Multnomah, 1988), pp. 418-420, 422.

7. Hacia el final del Reino del milenio, Satanás es soltado y Cristo rodeado y atacado en Jerusalén.

8. Cristo hace descender fuego del cielo para destruir a sus enemigos. La resurrección (la segunda resurrección) y el juicio de los malvados ocurren. El orden eterno empieza.

Adherentes Representativos: En la Iglesia antigua: Ninguno (creada ca. 1830). En la Iglesia moderna: Donald G. Barnhouse, W. E. Blackstone, James M. Brookes, L. S. Chafer, John Nelson Darby, Charles Lee Feinberg, A. C. Gaebelein, Norman Geisler, Harry Ironside, Hal Lindsey, C. H. MacIntosh, G. Campbell Morgan, J. Dwight Pentecost, Charles C. Ryrie, C. I Scofield, John F. Walvoord y Warren Wiersbe.

Premilenialismo histórico

Definición: Esa visión antigua de la profecía que ve la edad presente como una en la cual la Iglesia se expandirá, pero con pequeña influencia del mundo, aparte de llamar a los elegidos a la salvación. Al final de esta edad el Señor regresará y resucitará a los creyentes y establecerá su reino sobre la tierra por 1000 años, al final de este período ocurrirá la resurrección de los malvados. El premilenialista Ladd escribe: "El Evangelio no debe conquistar el mundo ni dominar a las naciones. Odio, conflicto y guerra continuarán caracterizando la edad hasta la venida del Hijo del Hombre" y "la maldad marcará el curso de la edad".[7]

---

[7] George Eldon Ladd, *Theology of the New Testament* (Grand Rapids: Wm. B. Eerdmans, 1974), pp. 202, 203.

Rasgos Descriptivos: 1. La Iglesia de la era del Nuevo Testamento en la fase inicial del reino de Cristo como fue profetizada por los profetas del Antiguo Testamento.

2. La Iglesia del Nuevo Testamento ganará muchas victorias, pero al final reprobará en su misión, perderá influencia y llegará a ser corrupta al crecer la maldad del mundo hacia el final de la era de la Iglesia.

3. La Iglesia pasará por dolores de parto futuros, por todo el mundo, sin precedentes, lo cual es conocido como la Gran Tribulación, la cual puntualizará el final de la historia contemporánea.

4. Cristo regresará al final de la Tribulación a llevarse a la Iglesia, a resucitar a los santos muertos y a conducir el juicio del justo en "un abrir y cerrar de ojos".

5. Entonces Cristo descenderá a la tierra con sus santos glorificados, a luchar la batalla de Armagedón, a atar a Satanás y a establecer un reino mundial político, el cual será personalmente administrado por Él por 1000 años desde Jerusalén. Por lo tanto, la designación "premilenial", en la cual Cristo regresa antes del milenio, es entendido como un período literal de 1000 años.

6. Al final del reino del milenio, Satanás será soltado y ocurrirá una rebelión masiva contra el reino y un asalto feroz contra Cristo y sus santos.

7. Dios intervendrá con juicio feroz para rescatar a Cristo y a sus santos. La resurrección y el juicio de los malvados ocurrirá y el orden eterno empezará.

Adherentes Representativos: En la Iglesia antigua: Papías (60-130 D. C.) y Justin Martyr (100-165 D. C.). En la Iglesia moderna: Henry Alford, E. B. Elliott, A. R. Faussett, Henry W.

Frost, H. G. Guinness, Robert H. Gundry, S. H. Kellog, George Eldon Ladd, Alexander Reese y Nathaniel West.

Postmilenialismo

Definición: El postmilenialismo en ese sistema de escatología, el cual entiende el reino mesiánico como fundado sobre la tierra durante el ministerio terrenal y a través de las obras redentoras del Señor Jesucristo, en el cumplimiento de la expectativa profética del Antiguo Testamento. La naturaleza de ese reino es esencialmente redentora y espiritual y ejercitará una influencia transformadora sociocultural en la historia, al convertir más y más personas a Cristo. El postmilenialismo anticipa con confianza un tiempo en la historia de la tierra en el cual el Evangelio habrá ganado la victoria en toda la tierra en el cumplimiento de la Gran Comisión. Después de un extendido período de prosperidad del Evangelio, la historia de la tierra será dibujada a un cierre por el regreso personal, visible y corporal de Jesucristo (acompañado por una resurrección literal y un juicio general).

Rasgos Descriptivos: 1. La Iglesia es el reino profetizado en la era del Viejo Testamento y es la era del milenio. Está compuesta por los judíos y los gentiles fusionados en un cuerpo en Cristo, como la Nueva Israel de Dios.

2. El reino fue establecido en su forma de grano de mostaza por Cristo durante su ministerio terrenal en su primera venida. Será desarrollado gradualmente a través del tiempo.[8]

---

[8] No se desarrolla uniformemente sino gradualmente, en chorros. En un sentido es como una semilla que es plantada y crece y produce otra semilla

3. Satanás estaba atado por Cristo en su ministerio terrenal y está siendo obstaculizado progresivamente al difundirse el Evangelio.

4. La Gran Tribulación ocurrió en el primer siglo en la destrucción del templo judío y Jerusalén, por el rechazo de Israel de su Mesías, Jesucristo.

5. El reino crecerá y se desarrollará hasta que eventualmente ejercite una influencia dominante, universal y llena de gracia en una larga era de justa paz y prosperidad en la tierra y en la historia.

6. Hacia el fin del reino espiritual del milenio de Cristo, Satanás será soltado y ocurrirá una breve rebelión por la minoría restante, pecadores no convertidos contra el cristianismo.

7. Cristo regresará *después* del milenio para vengarse a sí mismo sobre los rebeldes ingratos y para resucitar y juzgar a todos los hombres, Él entonces marcará el comienzo del orden eterno. Por lo tanto: el sistema es *post*milenial, en ese Cristo regresa después del milenio, aunque los "1000 años" se mantienen como una figura simbólica representativa de una vasta extensión de tiempo.

Adherentes Representativos: En la Iglesia antigua: Eusebio (260-340 D.C.) y Atanasio (296-372 D.C.). En la Iglesia moderna: (tradicional) J. A. Alexander, O. T. Allis, David Brown, Lorraine Boettner, John Calvin, Roderick Campbell, David Chilton, John Jefferson Davis, Jonathan Edwards, A. A. Y Charles A. Hodge, Erroll Hulse, Marcellus Kik, John Murray,

---

(vea Mateo 13:3-9, 23). Así que podemos esperar que crezca en ciertas áreas y quizá incluso que muera, pero que eventualmente regrese, porque la productividad de la semilla involucra su muerte y su renovación (vea Juan 12:24; 1 Corintios 15:36). Además, podemos esperar la poda de Dios de vez en cuando (Juan 15:5-6).

B. B. Warfield; (pactual o teórico) Greg Bahnsen, Francis Nigel Lee, Gary North, R. J. Rushdoony — y la Confesión de Fe de Westminster y de muchos de los puritanos.

La Superioridad Bíblica y Teológica del Postmilenialismo

Hay dos conjuntos de consideraciones primarias: bíblicas y teológicas. La antigua se relaciona con los verdaderos textos bíblicos; la última se relaciona con las implicaciones de estos textos.

Consideraciones bíblicas

1. De forma contraria a la visión dispensacionalista de la Edad de la Iglesia siendo imprevista por los profetas del Viejo Testamento, vea: Hechos 2:16-17; 3:24-26; 15:14-18; Gálatas 3:8.
2. De forma contraria a la visión del dispensacionalismo de que las promesas del reino se refieren a un Israel nacional más que a la Iglesia como la Nueva Israel de Dios, vea: Gálatas 3:28-19; 6:16; Efesios 2:12-22; Filipenses 3:3; Romanos 2:28-29; y 1 Pedro 2:5-9.
3. De forma contraria al dispensacionalismo, Cristo estableció su reino en el primer siglo, vea: Marcos 1:15; 9:1; Lucas 11:20; 17:20-21; Juan 18:33-37; Colosenses 1:13.

4. De forma contraria al dispensacionalismo, Cristo está en su trono y reinando sobre su reino, vea: Hechos 2:29-35; Romanos 8:34; Hebreos 1:3; 10:12-13; Apocalipsis 1:5-6; 3:21.

5. De forma contraria al dispensacionalismo y al premilenialismo histórico, el reino de Cristo no es un reino terrenal político,[9] sino espiritual, redentor, vea: Lucas 17:20-21; Romanos 14:17; Juan 18:36-37.

6. De forma contraria al dispensacionalismo y al premilenialismo histórico, Satanás fue atado en el primer siglo, vea: Mateo 12:28-29; Lucas 10:18; Juan 12:31; Colosenses 2:15; Hebreos 2:14; 1 Juan 3:8.

7. De forma contraria al dispensacionalismo, el premilenialismo histórico y amilenialismo, la Gran Tribulación ocurrió (en el primer siglo en la destrucción del templo de Jerusalén), vea: Mateo 24:34 (compare con Mateo 24:2, 3, 15, 21); Apocalipsis 1:1, 3, 9; 3:10 (compare con Apocalipsis 7:14).

8. De forma contraria al dispensacionalismo, el premilenialismo y el amilenialismo, la Iglesia no fracasará en su tarea de evangelizar el mundo, vea: Mateo 13:31-32; 16:18; 28:18-20.

9. De forma contraria al dispensacionalismo, el premilenialismo histórico y amilenialismo. Las labores redentoras de Cristo mantendrán una influencia universal en el mundo antes del final de la historia contemporánea, vea: Mateo 13: 31-32; Juan 1:29; 3:17; 4:42; 12:31-32; 1 Corintios 15:20-26; 2 Corintios 5:17-21; Hebreos 1:3, 13; 10:12-13.

---

[9] Aunque el reino de Dios *sí* tiene una influencia política terrenal.

10. De forma contraria al dispensacionalismo y el premilenialismo histórico, hay solo una resurrección y un juicio, el cual ocurre simultáneamente al final de la historia, vea: Daniel 12:2; Mateo 24:31-32; Juan 5:28-29; 6:39-40; 11:40; Hechos 24:15.

11. De forma contraria al dispensacionalismo y el premilenialismo, cuando Cristo venga la historia terminará, vea: 1 Corintios 15:20-25; Mateo 13:29-30; 1 Tesalonicenses 4:13-17.

Consideraciones Teológicas

1. A diferencia del dispensacionalismo, premilenialismo histórico y amilenialismo, el postmilenialismo es optimista en su panorama histórico, vea: Salmo 2; 72; Isaías 2:1-4; 9:6-7; 11:1-9; Mateo 28:18-20.

2. Diferente al dispensacionalismo y al premilenialismo histórico, el postmilenialismo no permite una monstruosa y absurda mezcla de santos inmortales gloriosos y hombres resucitados con mortales, no glorificados hombres sobre la tierra por un período de 1000 años de interacción.

3. A diferencia del dispensacionalismo y el premilenialismo histórico, en el postmilenialismo Cristo no se someterá a una "segunda humillación" en la tierra (ni nunca).

4. Contrario al dispensacionalismo, el postmilenialismo no enseña que haya un retorno para elementos miserables y débiles, como el templo, los sacrificios, la exaltación judía y cosas como esas, vea: Gálatas 4:9; Hebreos 9-10; 1 Pedro 2:5-9; Efesios 2:20-21; 1 Corintios 3:16; 6:19; 2 Corintios 6:19.

La Gran Comisión y el Dispensacionalismo

¡Es alarmante que algunos entre los dispensacionalistas vean la Gran Comisión como un *mandato judío no incumbente sobre la Iglesia en esta edad*! Citemos solo unas cuantas citas breves para demostrar esta notable distorsión de la teología bíblica.

E. W. Bullinger (siglo XIX), muy conocido por su *Biblia Acompañante*, afirma muy claramente de Mateo 28:18-20: "esta comisión particular fue... pospuesta".[10] Aquí la teoría del reino pospuesto está atada a la desaprobación de la obligación contemporánea de promover la Gran Comisión.

Arno C. Gaebelein (d. 1945) escribió sobre la Gran Comisión en su popular *Annotated Bible*: "Esta es la Comisión del *reino*... Vendrá un tiempo cuando esta Gran Comisión aquí será llevada a cabo por un remanente de discípulos judíos..."[11] De acuerdo con la Teoría del Reino Pospuesto, también desanima a la Comisión en el futuro.

Un dispensacionalista más reciente, Charles F. Baker, explica que cuando se dio la Gran Comisión "no había revelación todavía de ese programa del reino profetizado que debiera ser interrumpido por la presente dispensación del misterio".[12] George Williams está de acuerdo.[13] (Se debería notar el hecho

---

[10] E. W. Bullinger, *The Companion Bible* (London: Samuel Bagster and Sons, rep. 1970 [n.d.]), p. 1380.

[11] Arno C. Gaebelein, *The Annotated Bible*, volumen 6: *Matthew to the Acts* (Traveler's Rest, SC: Southern Bible Book House, n.d.), p. 61.

[12] Charles F. Baker, *A Dispensational Theology* (Grand Rapids: Grace Bible College, 1971), p. 558.

[13] George Williams, *The Student's Commentary on the Holy Scriptures* (4ta edición: Grand Rapids: Kregal, 1949), pp. 730-731.

de que la Edad de la Iglesia "interrumpió" el programa del Reino de Dios).

El dispensacionalista Stanley Toussaint, en su reciente comentario de Mateo, menciona el debate entre dispensacionalistas actuales,[14] mientras que otro dispensacionalista, David L. Turner, comenta con respecto a dispensacionalistas modernos que "la *mayoría* estaría de acuerdo en que el mandato de agitación para el discipulado con el cual Mateo concluye es incumbente sobre la Iglesia hoy día".[15]

Conclusión

El estudio de la Escatología es un asunto importante para el cristiano. Lo que pensamos que tiene el futuro para nosotros y nuestros hijos tiene un gran impacto sobre la priorización de nuestras vidas. La escatología no debería ser aproximada más que como un aporte al lado del estudio de la Escritura. Es un asunto fundamental de ella, que tiene un gran aporte incluso en el entendimiento del evangelismo en sí mismo.

Para cerrar, me gustaría señalarle al lector que yo escribo una carta mensual que analiza las numerosas distorsiones inherentes en el dispensacionalismo. A pesar de su amplia popularidad, el dispensacionalismo ha traído una cantidad de severas aberraciones a la teología bíblica. El lector puede recibir una

---

[14] Stanley D. Toussaint, *Behold the King!* (Portland, OR: Multnomah, 1980), p. 318.
[15] David L. Turner, *"The Structure and Sequence of Matthew 24:1-41: Interaction with Evangelical Treatments"*, *Grace Theological Journal* 10:1 (Spring, 1989) 6 (énfasis mío).

suscripción gratis de la carta misionera por seis meses solo escribiendo a la siguiente dirección:

Dispensationalism in Transition
Institute for Christian Economics
P. O. Box 8000
Tyler, Texas 75711

12

PESIMISMO Y LA GRAN COMISIÓN

Entonces Caleb hizo callar al pueblo delante de Moisés, y dijo: "Subamos luego, y tomemos posesión de ella; porque más podremos nosotros que ellos". Mas los varones que subieron con él, dijeron: "No podremos subir contra aquel pueblo, porque es más fuerte que nosotros". Y hablaron mal entre los hijos de Israel, de la tierra que habían reconocido, diciendo: "La tierra por donde pasamos para reconocerla, es tierra que traga a sus moradores; y todo el pueblo que vimos en medio de ella son hombres de grande estatura. También vimos allí gigantes, hijos de Anac, raza de los gigantes, y éramos nosotros, a nuestro parecer, como langostas; y así les parecíamos a ellos". Entonces toda la congregación gritó, y dio voces; y el pueblo lloró aquella noche. (Números 13:30-14:1).

Porque todo lo que es nacido de Dios vence al mundo; y esta es la victoria que ha vencido al mundo, nuestra fe. (1 Juan 5:4).

El Asunto

El cristiano dispensacionalista tiene un entendimiento diferente de la Gran Comisión que el postmilenialista. Además, también lo hacen muchos amilenialistas e históricos (no dispensacional) premilenialistas. Y esa diferencia de entendimiento no es simplemente una de las sombras de tono gris, sino de un contraste negro y blanco, como lo veremos.

Los tres sistemas escatológicos mencionados en el párrafo anterior pueden ser categorizados como "pesimistas", mientras que la visión postmilenialista puede verse como "optimista". Al categorizarse ellos como "pesimistas", estoy hablando de los siguientes asuntos:

(1) Como sistemas de proclamación del Evangelio, cada uno enseña que el Evangelio de Cristo no ejercerá ninguna influencia mayoritaria en el mundo antes del regreso de Cristo;

(2) Como sistemas de entendimiento histórico, cada uno, de hecho, sostiene que la Biblia enseña que hay tendencias proféticamente determinadas irresistibles hacia el caos en el trabajo y el desarrollo de la historia y, por lo tanto,

(3) Como sistemas para la promoción del discipulado cristiano cada uno disuade a la Iglesia de anticipar y laborar a gran escala para influenciar al mundo para Cristo durante esta edad.

La pregunta pesimista/optimista tiene mucho que ver con los esfuerzos *prácticos* de los cristianos en el mundo *hoy*. Todos los cristianos evangélicos son optimistas en el sentido *final* de que Dios milagrosamente ganará la guerra contra el pecado y Satanás al final de la historia, por una intervención directa, sobrenatural, ya sea en el reino introducido por la segunda venida[1] o en el juicio final, el cual introduce el Nuevo Cielo y la Nueva Tierra.[2]

Una ilustración reciente de los efectos prácticos de la visión del mundo pesimista se basa en una afirmación expresada por Charles Colson. Él habla de los cristianos dejando de intentar ser una influencia por justicia en la arena política y social: Un "veterano evangélico prominente de las batallas de los 80's, me dijo que estaba acabado ¿Para qué molestarse? Él confió en privado".[3]

Ejemplos del Pesimismo Escatológico

---

[1] Por ejemplo: "La Biblia espera que el mundo sea conquistado no por el cristianismo, sino solo por la segunda venida de Cristo". John F. Walvoord, "Review of House Divided. By Greg L. Bahnsen and Kenneth L. Gentry, Jr" en *Bibliotheca Sacra* (Julio-Setiembre, 1990), p. 372. "El premilenialista ve a Cristo interviniendo catastróficamente en un momento de la historia, lo cual resulta en un establecimiento de su gobierno mediador". H. Wayne House y Thomas D. Ice, *Dominion Theology: Blessing or Curse?* (Portland, OR: Multnomah, 1988), p. 140.

[2] "Profecías del Viejo Testamento interpretadas por postmilenialistas como refiriéndose a una edad milenial futura de oro representa el estado final de la comunidad redimida... [en] un nuevo cielo y una nueva tierra". Anthony Hoekema, *The Bible and the Future* (Grand Rapids: Wm. B. Eerdmans, 1979), p. 177.

[3] Charles Colson, "From a Moral Majority to a Persecuted Minority", *Christianity Today* 34:8 (Mayo 14, 1990) 80.

Dos autores de grandes éxitos, representantes muy conocidos del dispensacionalismo son Hal Lindsey[4] y Dave Hunt.[5] Estos hombres han reconocido la diferencia significativa entre su entendimiento dispensacional de la Gran Comisión y sus implicaciones y el entendimiento postmilenial con sus implicaciones. De hecho, ellos han escrito trabajos recientes con el mismísimo propósito de contrarrestar el entendimiento postmilenialista de la Gran Comisión.[6] Pero, como lo veremos, esos dos hombres no son los únicos evangélicos que disputan la visión histórica postmilenialista.

Dispensacionalismo

La visión dispensacionalista ve la Gran Comisión en esta edad como teniendo solo una influencia restringida para llevar a los hombres a la salvación. Los cientos de miles de cristianos evangélicos que leen literatura dispensacionalista han metido continuamente en sus mentes la enseñanza de que bajo ninguna circunstancia el Evangelio será victorioso en nuestra edad. Déjeme demostrar esto con una rápida encuesta de citas de varios autores dispensacionalistas.

Hal Lindsey declaró la situación tan fuertemente como puede ser: "Cristo murió por nosotros para rescatarnos de esta presente

---

[4] Lindsey es mejor conocido por sus multimillonarias ventas del libro, *The Late Great Planet Earth* (1970).

[5] Hunt es mejor conocido por su mejor vendido el libro, *The Seduction of Christianity: Spiritual Discernment in the Last Days* (Eugene, OR: Havest House, 1985).

[6] Hal Lindsey, *The Road to Holocaust* (New York: Bantam, 1989). Dave Hunt, *Whatever Happened to Heaven?* (Eugene, OR: Harvest House, 1988).

edad de maldad. [Tito 2:11-15] muestra lo que nuestro enfoque, motivación y esperanza deberían ser en esta edad presente, debemos vivir con la constante expectativa de la aparición en cualquier momento de nuestro SEÑOR en esta tierra".[7]

H. A. Ironside nota en sus comentarios de la Gran Comisión: "Sabemos que no todas las naciones aceptarán el mensaje en esta edad de gracia".[8] William MacDonald señala que la Gran Comisión "no presupone la conversión del mundo".[9] De hecho, la verdad es lo opuesto, de acuerdo con J. Dwight Pentecost, pues "durante el curso de la edad habrá una respuesta disminuida de la siembra de la semilla" del Evangelio.[10] Stanley Toussaint concurre, cuando él nota que "el malvado correrá su curso y dominará la edad [de la Iglesia]".[11] Warren Wiersbe está de acuerdo: "Algunos afirman que esta parábola [de la semilla de mostaza] enseña el éxito mundial del Evangelio, pero eso contradiría lo que Jesús enseñó en la primera parábola. Si algo enseña el Nuevo Testamento es un declive creciente en el ministerio del Evangelio a medida que el fin de la edad se acerca".[12] De hecho él menciona luego que "parecerá que

---

[7] Lindsey, *Holocaust*, p. 279.

[8] Harry A. Ironside, *Expository Notes on the Gospel of Matthew* (New York: Loizeaux Bros., 1948), p. 405.

[9] William MacDonald, *The Gospel of Matthew: Behold Your King* (Kansas City: Walterick, 1974), p. 323.

[10] J. Dwight Pentecost, *Things to Come: A Study in Biblical Eschatology* (Grand Rapids: Zondervan, 1957), p. 146.

[11] Stanley D. Toussaint, *Behold the King* (Portland, OR: Multnomah, 1980), p. 182.

[12] Warren W. Wiersbe, *Bible Expositor's Commentary*, 2 volúmenes, (Wheaton, IL: Victor, 1989), 1:46.

Satanás está ganando. Pero el examen es *al final* de la edad, no *durante* esta".[13]

Charles C. Ryrie niega cualquier esperanza postmilenialista basada en la Gran Comisión, cuando habla en oposición a la esperanza postmilenialista: "Su confianza en el poder de Dios hace que ellos crean que la Gran Comisión será llevada a cabo y que la mayor parte del mundo será salva".[14] La visión postmilenialista de la historia de la Iglesia está equivocada, él dice, pues "la deserción y la apostasía, entre otras cosas, caracterizarán este período entero".[15] En consecuencia, Dave Hunt discute que "solo un pequeño porcentaje de la humanidad está dispuesta... a llegar a Cristo en arrepentimiento y a nacer de nuevo por el Espíritu de Dios" y que "la vasta mayoría de la gente continuará rechazando a Cristo en el futuro así como ellos lo hicieron en el pasado".[16] Hal Lindsey desprecia a los postmilenialistas por creer "que virtualmente la población del mundo entero se convertirá. Desearía que esto fuera posible, pero Dios mismo dice que no lo es".[17] De hecho, "el mundo progresivamente endurecerá a su corazón contra el Evangelio y se sumergirá a sí misma en destrucción".[18]

Premilenialismo histórico

---

[13] *Ibid.*

[14] Charles C. Ryrie, *Basic Theology* (Wheaton, IL: Victor, 1986), pp. 441-442.

[15] *Ibid.*, p. 461.

[16] Dave Hunt, *Whatever Happened to Heaven?* (Eugene, OR: Harvest House, 1988), p. 178.

[17] Lindsey, *Holocaust*, p. 49.

[18] *Ibid.*, p. 36.

Los premilenialistas históricos concurrirían con un prospecto triste para el esparcimiento del éxito del Evangelio. J. Barton Payne cree que la "maldad está presente en este mundo como se predijo en los Libros Sagrados" (de la Biblia). Esa maldad debe ocurrir porque es un pronóstico del pronto regreso de Cristo.[19] Robert H. Mounce lamenta que "es difícil ver desde la historia misma alguna causa para tener optimismo". Es verdad que será una "Iglesia perseguida [que] testificará el regreso victorioso de Cristo",[20] más que un mundo conquistando a la Iglesia. George Eldon Ladd concurre: "A pesar del hecho de que Dios habría invadido la historia en Cristo y a pesar del hecho de que debía ser la misión de los discípulos de Jesús evangelizar el mundo entero (Mateo 24:14), el mundo seguiría siendo un lugar malvado. Falsos cristos se levantarían y guiarían a muchos por mal camino. Guerras, lucha y persecución continuarían, la maldad abundaría para enfriar el amor de muchos".[21]

Amilenialismo

Entre los amilenialistas descubrimos el mismo tipo de desesperación. Cornelius Vanderwaal escribe que: "Yo no creo en el progreso inevitable hacia un mundo mejor en esta

[19] J. Barton Payne, *Biblical Prophecy for Today* (Grand Rapids: Baker, 1978), p. 10.

[20] Robert. H. Mounce, *The Book of Revelation* (*New International Commentary on the New Testament*) (Grand Rapids: Wm. B. Eerdmans, 1977), pp. 44, 47.

[21] George Eldon Ladd, *The Last Things: An Eschatology for Laymen* (Grand Rapids: Wm. B. Eerdmans, 1978), p. 58.

dispensación" y "la Iglesia de Dios no tiene derecho a tomar una actitud optimista, triunfalista".[22] H. De Jongste y J. M. van Krimpen son directos en su declaración de que "no hay lugar para el optimismo: hacia el final, en los campos de lo satánico y el anticristo, la cultura se enfermará y la Iglesia anhelará ser salvada de su angustia"[23]. El amilenialista Donald Guthrie, de acuerdo con el dispensacionalista John. F: Walvoord: "fácilmente está de acuerdo en que la visión del mundo bíblica pesimista, o sea, el mundo como está ahora constituido no será revivido o mejorado, sino que será destruido y reemplazado".[24]

Modelos Cristianos Culturales

En esta coyuntura, deberíamos recordar nuestras preguntas de apertura de nuestra introducción: (1) ¿Qué es la Gran Comisión? (2) ¿Cuál es la meta de la Gran Comisión? (3) ¿Cuál es la naturaleza de la Gran Comisión?

El entendimiento dispensacionalista de la Gran Comisión, como se indica en la respuesta a las tres preguntas anteriores, puede ser designado el Modelo Pietista, con eso quiere o decir que el dispensacionalismo busca piedad personal, aunque niega la posibilidad e incluso el atractivo cultural de la conversión.

Las visiones amilenialistas e históricas premilenialistas pueden ser denominadas el Modelo Compuesto. Con eso quiero

---

[22] Cornelius Vanderwaal, *Hal Lindsey and Biblical Prophecy* (St. Catherine's, Ontario: Paideia, 1978), pp. 44, 45.

[23] H. de Jongste y J. M. van Krimpen, *The Bible and the Life of the Christian* (Philadelphia: Presbyterian and Reformed, 1968), p. 27.

[24] John. F. Walvoord, Review of Donald Guthrie, *The Relevance of John's Apocalypse* in *Bibliotheca Sacra* 147:586 (Abril-Junio, 1990) 251.

decir que, aunque ellas animan compromisos cristianos culturales; sin embargo, sus sistemas permiten solo victorias temporales, esporádicas y parciales para el cristianismo, en términos de cualquier influencia cultural benéfica.

El entendimiento postmilenialista de la Gran Comisión puede ser designado el Modelo Transformador, el cual no solo busca, sino que espera tanto una amplia piedad como una transformación cultural cristiana.

De nuevo, todas las visiones postmilenialistas niegan un éxito del Evangelio generalizado y perdurable para transformar hombres, naciones y culturas en esta edad. Déjeme ilustrar esto con unas cuantas citas.

Este mismo pesimismo con respecto al éxito del Evangelio es evidente entre los amilenialistas históricos como George E. Ladd: "el Evangelio no debe conquistar al mundo y dominar a todas las naciones para sí mismo. Odio, conflicto y guerra continuarán caracterizando la edad hasta la venida del Hijo del Hombre".[25]

Tal visión es obviamente sostenida por los amilenialistas, como lo indica Louis Berkhof: "La idea fundamental... de que el mundo entero será ganado gradualmente por Cristo... no está en armonía con la pintura del final de las edades encontrada en la Escritura. La Biblia... no nos lleva a esperar la conversión del mundo".[26] Pero los escritos dispensacionalistas son los más leídos y evidencian la oposición más vigorosa a la influencia cultural del Evangelio, de ahí mi atención especial a sus visiones.

---

[25] Ladd, *Theology*, p. 202.

[26] Louis Berkhof, *Systematic Theology* (Grand Rapids: Wm. B. Eerdmans, 1941), p. 718.

Después de dar la amplia popularidad del sistema dispensacionalista entre los evangélicos y del intento de los dispensacionalistas de negar el pesimismo histórico,[27] citaré algunos de sus escritos para acentuar el punto más convincentemente. El dispensacionalista Charles Stevens lo pone más claro cuando declara: "El concepto del Nuevo Testamento de la Iglesia en esta edad es tipificado por el tabernáculo en el desierto, sirviendo a un pueblo peregrino, construido con facilidades para viajar, 'yendo' tras los perdidos visitando, buscando, orando".[28] John Walvoord escribe: "No es el plan y el propósito de Dios llevar justicia y paz a la tierra en la edad presente. Nunca alcanzaremos el sueño postmilenial de paz en la tierra por medio de la influencia de la Iglesia".[29] Wayne House y Thomas Ice concuerdan en que: "En ningún lugar en el Nuevo Testamento se enseña la agenda de cristianizar instituciones del mundo".[30]

Dave Hunt hace lo mismo al minimizar la aplicación de las expectativas postmileniales: "Esta meta imposible de cristianizar al mundo ahora está siendo presentada como la verdadera intención de la Gran Comisión".[31] En otra parte escribe: "Es una 'reducción mayor del cristianismo' sugerir que la Gran Comisión nos llama a reafirmar al supuesto 'dominio' perdido sobre esa tierra y sus criaturas inferiores. Y es una

---

[27] Vea: House y Ice, *Dominion Theology*, "Does Premillennialism Believe in Dominion in History?" (pp. 142-150).

[28] Charles H. Stevens, en Charles Lee Feinberg, ed., *Prophecy and the Seventies* (Chicago: Moody, 1970), p. 110.

[29] John F. Walvoord, en Charles Lee Feinberg, ed., *Prophecy and the Seventies* (Chicago: Moody, 1971), p. 211.

[30] H. Wayne House y Thomas D. Ice, *Dominion Theology: Blessing or Curse?* (Portland, OR: Multnomah, 1988), p. 155.

[31] Hunt, *Whatever Happened?*, p. 178.

asquerosa perversión cambiar la Gran Comisión a un simple 'mandato cultural' que le asigna a la Iglesia la tarea de tomar el mundo para establecer el Reino de Dios antes que Cristo retorne".[32]

Hal Lindsey vigorosamente niega lo que la premisa de este presente libro demuestra: "No hay absolutamente nada, declarado o implicado, para apoyar la interpretación Dominionista[33] de la Gran Comisión ya sea en Marcos, Lucas o Hechos. El propósito de la decisión demandada es el perdón del pecado y el nuevo nacimiento espiritual, no la reforma social de la sociedad..."[34] El fundamentalista George Dollar expresa sobre los dispensacionalistas fundamentalistas que ellos creen "que la escena del mundo entero es de deterioro y continuará hasta que ocurra el rapto, y que nuestro objetivo principal debería ser rescatar gente del desastre y no tratar de mejorarlo o de preservar sus buenas características".[35]

Conclusión

---

[32] Dave Hunt, *CIB Bulletin* (Camarillo, CA: Christian Information Bulletin), Mayo, 1988, p. 1.

[33] "Dominionista" es un término empleado por algunos para describir a aquellos cristianos que buscan renovación cristiana cultural por medio de la aplicación de principios bíblicos, como buscar el ejercicio visible de Cristo "dominio de mar a mar" (Zacarías 9:10; comparar Efesios 1:21, 1 Pedro 4:11; Apocalipsis 1:6). Adherentes de la Teología de Dominio o Reconstruccionismo cristiano anhelan el día cuando el cristianismo llegue a ser "dominante" en el mundo de asuntos humanos.

[34] Lindsey, *Holocaust*, p. 275.

[35] George Dollar, *A History of Fundamentalism in America* (Greenville, SC: Bob Jones University Press, 1973), p. 278.

Así como he relacionado al texto de la Gran Comisión en resolución de las preguntas ante nosotros, he citado y he interactuado con varios escritores de varias escuelas de pensamiento pesimistas y pietistas. No hice eso con miras a humillar a los hermanos evangélicos, sino para demostrar por evidencia documentada las diferencias radicales entre evangélicos con respecto a la Gran Comisión. Además, espero que el lector haya visto el apoyo escritural abrumador por la visión postmilenialista de la Gran Comisión, el cual ha empezado recientemente a ser asaltado como "un camino al holocausto" (pues no tiene lugar para la exaltación política de la nación de Israel sobre otras naciones) y "esta mundana" (porque está preocupado por la vida en el mundo tangible, así como en el cielo).[36]

El dispensacionalista está alarmado con el mismísimo pensamiento de la transformación cultural cristiana. En su visión, intentar tal cosa "es cometer un error tan grave como guiar a alguien a un programa que no tiene esperanza; pide la adopción de medios que no son autorizados y establece una meta que es inalcanzable por no ser escritural. Aquí yace el gran error de los 'constructores del reino' (su tribu decrece) quienes tienen como meta una visión de cristianizar el mundo".[37] En oposición a la visión aquí presentada, el dispensacionalista replica: "Aunque los [postmilenialistas] ven el evangelismo como parte de la Gran Comisión, su meta y enfoque principal es cristianizar la cultura del mundo y los sistemas políticos y dominarlos. Esto no es ni siquiera lo que Dios tenía en mente en el Mandato del

---

[36] Lindsey, *Road to Holocaust* and Hunt, *Whatever Happened to Heaven?*, passim.

[37] C. H. Stevens en *Prophecy and the Seventies*, p. 101.

Edén, sino que ciertamente no es lo que la Gran Comisión enseña".[38]

Debido a los requisitos dispensacionalistas sistémicos especialmente (enseñar la inoperancia ordenada y el declive de la Iglesia en la historia[39]), ese sistema de teología inadvertidamente diluye el mandato:

Por lo tanto, id y haced discípulos a todas las naciones, bautizándolos en el nombre del Padre y del Hijo y del Espíritu Santo, enseñándoles que guarden todas las cosas que os he mandado. (Mateo 28:19-20a).

---

[38] Lindsey, *Holocaust*, p. 273. Su referencia al Mandato Edénico en Génesis 1:26-28 representa una contradicción en otro de sus escritos: "En el tiempo de su creación al hombre se le dio la autoridad legal para gobernarse a sí mismo y a todos en la tierra". Hal Lindsey, *Satan is Alive and Well on Planet Earth* (Grand Rapids: Zondervan, 1972), p. 56.

[39] Vea pp. 148-151. "Este mundo actual se encamina hacia el juicio.... [E]l mensaje y las actividades para creyentes deberían ser: 'Huid de la ira para encontrar la seguridad en Jesucristo'". House y Ice, *Dominion Theology*, p. 356.

CONCLUSIÓN

CONCLUSIÓN

"Padre nuestro que estás en los cielos, santificado sea tu nombre. Venga tu reino. Hágase tu voluntad, como en el cielo, así también en la tierra.... Tuyo es el reino, y el poder, y la gloria, por todos los siglos. Amén." (Mateo 6:9-10, 13b).

Y ahora he terminado un análisis profundo de la Gran Comisión. Ojalá que haya provisto sólidas preguntas basadas en respuestas bíblicas a nuestras tres preguntas de inicio:

¿Qué es la Gran Comisión?
¿Cuál es la meta de la Gran Comisión?
¿Cuál es la naturaleza de la Gran Comisión?

Confío en que las respuestas dadas inducirán a esperanza, expandirán la visión y animarán al trabajo.

Me parece que el cambio que se necesita más hoy día en los círculos cristianos para recobrar la grandeza de la Gran Comisión es un cambio importantísimo en el cristianismo práctico y aplicado. La Iglesia Contemporáneas está afligida por tres agentes corrosivos:

(1) La cara sonriente desenfrenada con superficialidad, tan característica de mega ministerios y muchas de las publicaciones y programas televisivos, lo cual en mucho resulta de la falta de atención de la Gran Comisión.

(2) Retroceso cultural de décadas, el cual es mucho ha sido engendrado por una concepción errónea de la Gran Comisión.

(3) El problema de la perspectiva del tiempo, el cual involucra grandemente una negación de la perspectiva de tiempo de la Gran Comisión.

La Iglesia y la Superficialidad

Con respecto al asunto de la superficialidad, John A. Sproule lamenta: "La tragedia hoy... es el aparente desinterés en la predicación de la doctrina de la Iglesia.... Atrapados en la manía del entretenimiento y psicología 'cristiana' la Iglesia está peor por eso".[1] Con respecto a los cambios acelerados en esta

---

[1] John A. Sproule en John S. Feinberg, ed., *Continuity and Discontinuity: Perspectives on the Relationship Between the Old and New Testament* (Westchester, IL: Crossway Book, 1988), p. 318. James Davison Hunter ha escrito una poderosa crítica sobre la deriva teológica en el evangelicalismo titulado: *Evangelicalism: The Coming Generation* (University of Chicago Press, 1987). En un artículo del libro de Hunter, titulado *"Theological Drift: Christian Higher Ed the Culprit?"*, Randy Frame nota: "Hunter arguyó en el libro que el evangelicalismo contemporáneo se está desviando de principios

dirección dentro de las iglesias evangélicas americanas David Wells advierte que "el ímpetu de cambiar viene de *afuera* en lugar de desde adentro y este ímpetu es primeramente sociológico, no teológico".[2]

Demasiado en la mentalidad del crecimiento de la iglesia popular, se reduce el papel de la predicación y enseñanza bíblica sana en diferencia de las payasadas agradables a la multitud para atraerlas al juego de las masas en las iglesias,[3] las cuales luego deben ser entretenidas tirando la teología cristiana a los leones. Del último siglo el influyente evangelista, Dwight L. Moody, Weisberger escribe: Él "completó la reducción del evangelismo

---

de creencia y práctica considerados por mucho tiempo como ortodoxos. Hay algunos que dicen que el conflicto actual en el Seminario Teológico de Gracia ejemplifica las observaciones de Hunter...." (*Christianity Today*, abril 9, 1990, p. 43). Vea el artículo en el mismo asunto: "*Trouble at Grace: Making Waves or Guarding the Truth?*", p. 46.

[2] David Wells, "Assaulted by Modernity", *Christianity Today* 34:3 (Febrero 19, 1990) 16. Una ilustración notable de esto se encuentra en la Iglesia Presbiteriana conservadora de Estados Unidos, el *PSA Messenger*. Un lector, Carl Gauger, se quejó en una carta con el editor: "Encuentro en el artículo... más confirmación de una tendencia inquietante en el evangelicalismo. Aunque continuamos confirmando la inerrancia de la Biblia, estamos tendiendo a usar menos y menos.... En este artículo... *No se nos da ninguna pretensión de creer [las asunciones del escritor] por cualquiera autoridad bíblica.* Es muy decepcionante ver desfiles de psicología en una capa de referencias bíblicas mal citadas, pero cuando incluso la pretensión de la autoridad bíblica es quitada, yo pienso que el pueblo de Dios debería levantarse y llorar asquerosamente". El editor Bob Sweet respondió (en parte): ¿Pero examinan todo lo que leen críticamente? ¿Usted requiere 'autoridad bíblica' para todo? (pp. 3, 4). "Ímpetus de cambio" de Wells son a menudo de teorías de psicología seculares.

[3] Vea Richard Quebadeaux, *By What Authority: The Rise of Personality Cults in American Christianity* (San Francisco: Harper y Row, 1982). Para correctivos importantes de este trabajo vea: la Crítica de Michael R. Gilstrap, "Media Theo-Pop" en James B. Jordan, ed., *The Failure of the American Baptist Culture*, volumen 1 de *Christianity and Civilization* (Tyler, TX: Geneva Divinity School, 1982), pp. 99-110.

en un asunto de técnica y personalidad".[4] Los comentarios de North son *apropiados*:

> ¿Es de extrañar que la doctrina de eterna maldición no sea la enfatizada en la predicación hoy día? ¿Es de extrañar que Dios esté hablando principalmente como un Dios de amor, y rara vez como un Dios de indescriptible ira eterna? D. L. Moody, el evangelista americano de principios del siglo, sentó el patrón al rehusarse a predicar sobre el infierno. Él hizo la afirmación absurda y esperó que nadie lo tomara en serio, esto testifica del estado degradado del moderno evangelismo y no mejorado desde que lo dijo.[5]

Si no hay una buena base doctrinal para la vida cristiana, no puede haber un punto de inicio para una fe cristiana holística.

La Iglesia y el Retraimiento

Con respecto al asunto del retraimiento, Francis A. Schaeffer ha escrito:

> El problema básico de los cristianos en este país en los últimos 80 años más o menos, con respecto a la sociedad y con

---

[4] Bernard Wisberger, *They Gathered at the River* (Boston: Little, Brown, 1958), p. 177. Para los problemas creados por el evangelismo de Moody, vea: George Dollar, *A History of Fundamentalism in America* (Greenville, SC: Bob Jones University, 1973), capítulo 5, "New Winds Blowing".

[5] Gary North, *Tools of Dominion: The Case Laws of Exodus* (Tyler, TX: Institute for Christian Economics, 1990), p. 167. North obtuvo su cita de Stanley N. Gundry, quien fue citado por George M. Marsden. Luego él comentó: "Quizá alguien me citará, haciéndolo tres etapas de fe en notas de pie de página" (p. 167, n. 126). Considéralo hecho!

respecto al gobierno, es que ellos han visto cosas en partes y pedazos en vez de en totalidades....
¿Por qué los cristianos han sido tan lentos en entender...? [Es rastreable a] una deficiente, espiritualidad "platónica". Es platónico en el sentido de que el Pietismo hizo una aguda división entre el mundo "espiritual" y "material" — dando poco, o ninguna importancia al mundo "material".... El cristianismo y la espiritualidad fueron silenciados a una parte pequeña y aislada de la vida.[6]

Después de aislar la vida a compartimentos ordenados y después de exaltar lo "espiritual" sobre lo "material", la Iglesia se ha dado por vencida ante el mundo y se ha retirado a sus propias cuatro paredes. El mismísimo hecho de que las iglesias a menudo patrocinen "retiros" inadvertidamente demuestra la aceptación de esta mentalidad. *Cuando hay una tendencia al retraimiento, no hay una práctica correcta de una fe cristiana holística.*

Hay una peligrosa atrofia en el Cuerpo de Cristo (la Iglesia) debido al crónico retraimiento y al más reciente inicio de la superficialidad, y la recuperación de la verdadera fuerza de la familia, la Iglesia y el Estado tomará tanto esfuerzo como tiempo. Por dicha, la Gran Comisión, cuando se entiende correctamente, nos provee la fuerza necesaria para el esfuerzo ("Estoy con ustedes", promete el que tiene "toda autoridad") y el tiempo necesario para la tarea ("incluso al final de la edad").

---

[6] Francis A, Schaeffer, *A Christian Manifesto* (Westchester, IL: Crossway Books, 1981), pp. 17, 18, 19. Vea también: Franky Schaeffer, *Addicted to Mediocrity: 20th Century Christians and the Arts* (Westchester, IL: Crossway Books, 1981); Gary North, ed., *Biblical Blueprint Series* (Ft. Worth, TX: Dominion Press, 1986-1987), 10 volúmenes.

La Iglesia y el Tiempo

Algunas cosas han sido más destructivas para la implementación de una cosmovisión cristiana, bíblicamente bien equilibrada y fundamentada que una perspectiva de tiempo de alguien. Una ilustración clásica, aunque, inadvertida de esto, está disponible en una entrevista con el evangelista Billy Graham hace algunos años:

Pregunta: ¿Si usted tuviera que vivir su vida de nuevo, que haría diferente?

Respuesta: Uno de mis más grandes lamentos es que no he estudiado suficiente, me hubiera gustado haber estudiado más y haber predicado menos.... Donald Barnhouse dijo que, si él hubiera sabido que Dios iba a venir en tres años, pasaría dos de ellos estudiando y uno predicando. Estoy tratando de recuperar el tiempo.[7]

Tim LaHaye admite un problema similar, muchos cristianos están comprometidos con la aproximación del fin de la edad, con todo su horror (de acuerdo con la visión dispensacionalista):

La mayoría de los cristianos conocedores de la Biblia están esperando la segunda venida de Cristo y el período de tribulación que Él predijo que vendría antes del fin de la edad, pues las condiciones del mundo presentes son muy similares a las que la Biblia profetiza para los últimos días..., ellos

---

[7] "Taking the World's Temperature" (sin autor) en *Christianity Today* (23 de setiembre, 1977), p. 19.

concluyen que una toma de control de nuestra cultura por las fuerzas del mal es inevitable; entonces no hacen nada para resistirse.[8]

Gran parte de la preparación moderna de esta perspectiva temporal escorzada es rastreable al movimiento Hermanos en el año 1830. W. Blair Neatby a un análisis de la devoción de ese movimiento así:

> La Hermandad es el niño de estudio de profecía incumplida y de la expectativa del inmediato retorno del Salvador. Si alguien le hubiera dicho a la primera hermandad que tres cuartos de un siglo podrían transcurrir y la Iglesia todavía estaría en la tierra, la respuesta probablemente hubiera sido una sonrisa, parte de piedad, parte de desaprobación, de total incredulidad. Sin embargo, así se ha demostrado, es imposible no respetar esperanzas tan agradables a la ardiente devoción; aunque es claro ahora que la Hermandad se formó bajo la influencia de la desilusión y esta dejó sus trazos, más o menos profundamente, en los rasgos más distintivos del sistema.[9]

Billy Graham, Tim LaHaye y millones de otros cristianos sostienen la visión de la venida de Cristo en "cualquier momento", lo cual acorta su perspectiva histórica. Algunos han llevado esta visión a extremos lógicos pero vergonzosos. Vemos los ejemplos más claros en *88 Reasons Why the Rapture Is In 1988*[10] de Edgar C. Whisenant y *The 1980s: Countdown to*

---

[8] Tim LaHaye, *The Bible for the Mind* (Old Tappen, NJ: Revell, 1980), p. 217.

[9] W. Blair Neatby, *A History of the Plymouth Brethren*, p. 339. Citado de Joseph M. Canfield, "Discussion Paper No. 3: The Delusion of Imminence!" (manuscrito no publicado, 30 de junio, 1988), p. 1.

[10] Edgar. C. Whisenant, *88 Reasons Why the Rapture Is In 1988* (Nashville, TN: World Bible Society, 1988). Whisenant clama haber publicado varios millones de copias de ese trabajo. Después de su fracaso inicial (el rapto no

Armageddon de Hal Lindsey.[11] También Richard Rhuling, M.D., con su nuevo libro *Sword Over America*, dijo que los años de 1990 serían el tiempo para la batalla de Armagedón.[12] Es triste decirlo, pero estos hombres están siguiendo en un largo tren profetas fallidos.[13] Esta visión de "cualquier momento" mantuvo a Graham trabajando diligentemente, o incluso sin prepararse cuidadosamente para un largo plazo. Esto ha dejado a demasiados otros cristianos sentados atrás, lejos de la refriega (excepto por algunas notables áreas de excepción, tales como anti-pornografía y la defensa de la vida), mientras esperan el fin. Pero una visión larga, de desarrollo, llena de esperanza de la historia es fundamental para cualquier aproximación seria y basada en la Biblia para toda la vida.[14] *Si*

---

ocurre en septiembre, 1988, como predijo), él incluso trató de actualizarlo a enero de 1989, luego a setiembre, 1939. Luego pronto perdió sus seguidores.

[11] Hal Lindsey, *The 1980s: Countdown to Armageddon* (New York: Bantam, 1980). Aunque Lindsey no es tan atrevido, sus sensacionales libros llevan en la misma dirección, con algunas afirmaciones como: *"La década de los ochentas podría ser la última en la historia que conocemos"* (p. 8, es su énfasis).

[12] Vea: Jim Ashley, *"Ruhling Believes 'Crisis' Events Near"*, *Chattanooga News-Free Press*, 7 de octubre 7, 1989, Church News Section.

[13] Vea: Dwight Wilson, *Armageddon Now! The Premillenarian Response to Russia and Israel Since 1917* (Grand Rapids, MI: Baker, 1977).

[14] "El cristianismo es una fuerza de total transformación, incluso del cosmos (Romanos 8:18-22). Sin embargo, no es en sí misma conscientemente revolucionaria. No busca derrocar gobiernos civiles por medio de fuerzas elitistas impuestas. Más bien, derroca todos los gobiernos — personales, de la familia, de la iglesia y el civil — por la propagación acumulativa del Evangelio y el proceso de *reemplazo institucional*. Este es el principio del reino del Nuevo Testamento de la levadura (Mateo 13:33) ". North, *Tools of Dominion*, p. 189. Esto, obviamente, es un programa que requiere mucho tiempo.

hay una tendencia para promover un futuro obstruido, no habrá promoción de una fe cristiana holística.

Conclusión

Un entendimiento correcto de la Gran Comisión será esencial para que la Iglesia se recoja a sí misma en la preparación para los cambios venideros. Aunque oímos muchos reportes de "asombroso crecimiento de la Iglesia en partes del mundo que no eran cristianas" y eso "en toda Asia y la mayoría de África, números sin precedentes están llegando a Cristo",[15] por quienes estamos muy agradecidos, no debemos aflojar en nuestra promoción de una doctrina y práctica buena. Un presente reporte mostró que tales teólogos populares evangélicos como J. N. D. Anderson, Clark Pinnock y Charles Kraft permiten que "si una persona no evangelizada se arrepiente y desea la misericordia de Dios, será salva por la obra de Cristo aunque sea ignorante de esa obra".[16] Señaló además que tan notables evangélicos tales como J. I. Packer y Roger Nicole "permiten algunas posibilidades para la salvación de los no evangelizados", mientras que Donald Bloesch "afirma la posibilidad de conversión después de la muerte".[17]

Los cristianos deben empezar a aplicar la Gran Comisión, en efecto, *toda* la Escritura, a las instituciones fundamentales del

---

[15] Terry C. Muck, "*Many Mansions?*" En *Christianity Today* 34:8 (14 de mayo, 1990) 14.

[16] John Sanders, "*The Perennial Debate*" en *Christianity Today* 34:8 (14 de mayo, 1990) 21. Este artículo lidia con "la pregunta de salvación para aquellos que nunca han oído de Cristo" (p. 21).

[17] *Ibid.*

orden social: la familia, la Iglesia y el Estado. Esto será especialmente aplicable a cristianos americanos, quienes ahora no solo están enfrentando un gobierno secular humanista, por un lado, sino también un aumento de una sociedad no cristiana por otro lado. "Ahora hay más musulmanes que metodistas en los Estados Unidos".[18] De hecho, ha habido un 300% de aumento en la población musulmana en solo 10 años.[19]

Con respecto a la familia, debemos recordar que, si "entrenamos al niño en su camino, ni aun viejo se apartará de Él" (Proverbios 22:6).

Con respecto a la Iglesia, debemos recordar que "Es tiempo de que el juicio comience por la casa de Dios" (1 Pedro 4:17a).

Con respecto al Estado debemos reconocer que "Si se humilla mi pueblo, sobre el cual mi nombre es invocado, y oran y buscan mi rostro y se convierten de sus malos caminos, entonces Yo oiré desde los cielos, perdonaré sus pecados y sanaré su tierra" (2 Crónicas 7:14).

En todo esto debemos inclinarnos ante Él, quien tiene "toda la autoridad en el cielo como en la tierra", Hacemos esto al obedecer sus mandamientos de ir y hacer discípulos a todas las naciones, bautizándolos en el nombre del Padre y del Hijo y del Espíritu Santo, enseñándoles a observar todo lo que les he mandado". Al hacer esto podemos siempre regocijarnos en la esperanza segura "He aquí, Yo estoy siempre con vosotros hasta el final de los tiempos". Y al comprometernos con la tarea podemos confiadamente declarar "Amén" (Hebreo "que así

---

[18] Colin Chapman, "The Riddle of Religions" en *Christianity Today*, 34:8 (14 de mayo, 1990) 16.
[19] *Ibid.*, p. 19.

sea"). Pues *esa es la grandeza de la Gran Comisión*, la cual encontramos en Mateo 28:18-20.

Made in the USA
Columbia, SC
04 February 2024

31001811R00134